Claude Weiss
Warum wir uns inkarnieren

J. Claude Weiss: geboren in Basel/Schweiz; abgeschlossenes ETH-Studium; frühes Interesse an Psychologie, Esoterik und Philosophie; zwei Jahre in Indien, wo er 1967 mit der Astrologie in Berührung kommt; ab 1977 professionelle astrologische Tätigkeit; kurz danach Gründung der Astrodata AG als astrologischer Ausrechnungs- und Deutungsservice (Horoskopzeichnungen und -deutungen mittels Computer); 1986 Gründung der Fachzeitschrift ASTROLOGIE HEUTE, deren Herausgeber er ist; im gleichen Jahr erscheint das erste Buch in seinem Verlag Edition Astrodata. Leiter zahlreicher astrologischer Ausbildungskurse und Referent an internationalen Astrologiekongressen; Präsident des Schweizer Astrologenbundes (SAB); Mitbegründer der Schule für Erwachsene (SFER).

Bücher: *Horoskopanalyse Bd. 1 und Bd. 2, Karmische Horoskopanalyse Bd. 1 und Bd. 2* sowie Mitautor von *Pluto – Eros, Dämon und Transformation, Visionen einer neuen Zeit, Die Lilith-Fibel, Wendezeit 2010–2012*

Claude Weiss

Warum wir uns inkarnieren

Das Geheimnis des karmischen Neumondes

Edition Astrodata

Copyright © 2016
Edition Astrodata, 8907 Wettswil/Schweiz
Website: www.astrodata.com / E-Mail: verlag@astrodata.ch
Alle Rechte vorbehalten

Originalausgabe

Korrektorat: Trudy Baumann
Titelbild: iStock/HuyThoai
Horoskope: Astrodata AG, CH-8907 Wettswil
Druck/Bindung: Kessler Druck + Medien, D-Bobingen

ISBN 978-3-906881-00-3

Inhalt

Vorwort 8

Astrologie Karma und Wiedergeburt 12
Gewandelter Stellenwert der Vorstellung von Karma 13
Reinkarnation als Spekulation? 14
Karma und die monotheistischen Religionen 15
Reinkarnation: Ein auch astrologisch plausibles Modell für
  kosmischen Ausgleich 16
Gründe sich zu inkarnieren 18
Astrologischer Umgang mit karmischen Themen 20

Eigene Erfahrungen mit dem karmischen Neumond 22
Wenn das Ausland schon früh mitspielt 22
Tabula Rasa, Philosophie und fremde Religionen 23
Wahl eines Studiums, das Auslandsaufenthalte begünstigt 24
Als Agronom nach Indien 26
Radixhoroskop alleine nicht ausreichend aussagekräftig 27
Kasten: Definition und Berechnung des Karmischen Neu-
  mondhoroskops (KNH) 28
Neumondhoroskop steuert die wesentlichen Informationen bei ... 29
Abgekürzte Deutung des Neumondhoroskops 30
Warum mich Descartes schon früh nachhaltig beeinflusst hat ... 31

**Die verschiedenen Schritte zur Deutung des
karmischen Neumondes** 34

A) Der karmische Neumond im Radixhoroskop 43
**Karmischer Neumond im Einklang oder Zwiespalt mit dem
Sonnenzeichen** 44
Sonne und Neumond in Widder 44
Sonne in Widder mit Neumond in Fische 45
Sonne und Neumond in Stier 46
Sonne in Stier mit Neumond in Widder 47
Sonne und Neumond in Zwillinge 48
Sonne in Zwillinge mit Neumond in Stier 48

Sonne und Neumond in Krebs 49
Sonne in Krebs mit Neumond in Zwillinge 50
Sonne und Neumond in Löwe 51
Sonne in Löwe mit Neumond in Krebs 52
Sonne und Neumond in Jungfrau 53
Sonne in Jungfrau mit Neumond in Löwe 54
Sonne und Neumond in Waage 55
Sonne in Waage mit Neumond in Jungfrau 56
Sonne und Neumond in Skorpion 57
Sonne in Skorpion mit Neumond in Waage 57
Sonne und Neumond in Schütze 58
Sonne in Schütze mit Neumond in Skorpion 58
Sonne und Neumond in Steinbock 60
Sonne in Steinbock mit Neumond in Schütze 65
Sonne und Neumond in Wassermann 66
Sonne in Wassermann mit Neumond in Steinbock 67
Sonne und Neumond in Fische 68
Sonne in Fische mit Neumond in Wassermann 70

Wenn der Neumond im Radixhaus vor der Sonne steht 73
Sonne im fixen, Neumond im kardinalen Haus 74
Sonne im veränderlichen, Neumond im fixen Haus 77
Sonne im kardinalen, Neumond im veränderlichen Haus 80

B) Das Karmische Neumondhoroskop als solches .. 85
Der Neumond in den zwölf Häusern des Karmischen Neumondhoroskops 87
Der Neumond im ersten Haus 87
Der Neumond im zweiten Haus 89
Der Neumond im dritten Haus 91
Der Neumond im vierten Haus 93
Der Neumond im fünften Haus 96
Der Neumond im sechsten Haus 99
Der Neumond im siebten Haus 103
Der Neumond im achten Haus 106
Der Neumond im neunten Haus 108
Der Neumond im zehnten Haus 110
Der Neumond im elften Haus 113
Der Neumond im zwölften Haus 116

Karmischer Neumond: Die Kombination von Haus, Zeichen und Aspekten 120
Aspekte des Neumondes zum Merkur 125
Aspekte des Neumondes zur Venus 126
Aspekte des Neumondes zum Mars 126
Aspekte des Neumondes zum Jupiter 127
Aspekte des Neumondes zum Saturn 127
Aspekte des Neumondes zum Uranus 128
Aspekte des Neumondes zum Neptun 129
Aspekte des Neumondes zum Pluto 130
Aspekte des Neumondes zum Chiron 131
Aspekte des Neumondes zur Lilith 132

Neue Aspektfiguren im Karmischen Neumondhoroskop? ... 133

Die Aszendent/Deszendent-Achse im Karmischen Neumondhoroskop 139
Aszendent in Widder 139
Aszendent in Stier 140
Aszendent in Zwillinge 141
Aszendent in Krebs 141
Aszendent in Löwe 142
Aszendent in Jungfrau 143
Aszendent in Waage 143
Aszendent in Skorpion 144
Aszendent in Schutze 145
Aszendent in Steinbock 146
Aszendent in Wassermann 147
Aszendent in Fische 148
Ein persönliches Beispiel 149

Anhang

Fussnoten 151
Verwendete Horoskope mit Quellen- und Rating-Angaben 152
Erklärung der astrologischen Symbole und der Häusergrenzen 153
Der karmische Neumond im Haus und mit Aspekten bei bekannten Persönlichkeiten 154

Vorwort

Es ist bald 20 Jahre her, dass ich in meinem 1997 erschienenen Buch, «Karmische Horoskopanalyse, Bd. 2», zum ersten Mal über den vorgeburtlichen karmischen Neumond schrieb, und es ist bald 40 Jahre her, dass ich 1978 die ersten Kurse in karmischer Astrologie gab. Das Karmische Neumondhoroskop verwende ich in meiner Praxis seit Ende der 1980er-Jahre, im Anschluss daran, dass wir in der Edition Astrodata das Buch von Dane Rudhyar und Leyla Rael-Rudhyar «Der Sonne/Mond-Zyklus» veröffentlichten und Verena Bachmann und ich damit begannen, uns Gedanken darüber zu machen, ob für den Beginn des Sonne/Mond-Zyklus nicht ein separates Horoskop angebracht wäre, um die vorgeburtlichen karmischen Motivationen anzuzeigen.

Sehr bald stellte sich heraus, dass dieses Vorgehen im Hinblick auf die Lebensbestimmung wichtige Zusatzaussagen zum Geburtshoroskop liefert. Wie prägnant dies ausfällt, zeigte ich in einem Kapitel des oben erwähnten Buches anhand der Stichprobe der wohl berüchtigtsten Diktatoren des 20. Jahrhunderts, Hitler, Stalin und Saddam Hussein. Dabei ergab sich folgendes Fazit: Bei allen steht der karmische Neumond in einem Feuerzeichen – Widder oder Schütze – im neunten, zehnten oder elften Haus, mit starken Aspekten zu Jupiter und zusätzlich Saturn und Uranus (Hitler), Uranus und Pluto (Stalin) bzw. Pluto (Saddam). Zusätzlich lösen in allen Fällen Stellungen des Geburtshoroskops im Neumondhoroskop dieser Persönlichkeiten die für Diktatoren typischen Planeten Uranus, Mars oder Pluto aus. Bei den dabei wirksamen Faktoren des Radixhoroskops handelt es sich um den Mond, die Sonne und den Mars. In dieser Untersuchung ging es mir darum, besser zu verstehen, wie sich derart extreme Charaktere aus astrologischer Sicht beschreiben lassen und ob man ihnen gemeinsame astrologische Merkmale zuordnen kann. Die Studie zeigte, dass dies der Fall ist.

Auch wenn im Buch «Karmische Horoskopanalyse Bd. 2» beschrieben wurde, wie man dabei vorgehen kann, das Karmische Neumondhoroskop in die Deutung einzubeziehen, war die gewählte Gruppe von Beispielen begreiflicherweise nicht sehr inspirierend, um die Methode am eigenen Horoskop anzuwenden. Dies wurde nun mit dem vorliegenden Buch korrigiert, indem zur Illustration Beispiele aus allen Berufsgruppen herangezogen wurden. Zusätzlich ist das Buch reich an Deutungen der Häuser- und Zeichenstellungen des Neumondhoroskops, eine nach meiner Erfahrung wichtige Voraussetzung, damit eine neue Methode unvoreingenommen geprüft und angenommen werden kann. Dabei wünschen wir uns im Allgemeinen nicht so sehr theoretische Begründungen, warum eine Neuerung nützlich sein soll, sondern treffende Interpretationen von Stellungen, die uns ermöglichen, uns an eigenen Beispielen ein Bild zu machen, ob die Methode für uns Sinn macht. Dabei war die Möglichkeit eines Rückgriffs auf die Astrodata-Deutungen in manchen Fällen hilfreich. Dies betrifft insbesondere die Interpretation der einzelnen Aspekte zum karmischen Neumond und des Aszendenten im Neumondhoroskop.

Die Tatsache, dass die Analyse «Ihre karmische Bestimmung» bereits seit Herbst 2015 von der Astrodata angeboten wird, ermöglichte es nämlich, bei der Redaktion des vorliegenden Buches von einem reichen Erfahrungsschatz zu profitieren. Insbesondere zeigt diese, wie sich die Informationen, die sich aus dem Karmischen Neumondhoroskop ergeben, mit jenen kombinieren lassen, die aus der Deutung des Radixhoroskops und insbesondere der Mondknotenachse hervorgehen. Für die praktische Anwendung ist dabei von Interesse, dass die Radix-bezüglichen Deutungen in den Büchern «Karmische Horoskopanalyse, Bd. 1 + Bd. 2» erarbeitet und erläutert wurden, sodass es sich in diesem Buch erübrigte, darauf zurückzukommen.

Das Ziel des vorliegenden Bandes lässt sich somit in der Weise umschreiben, dass es die Leserin und den Leser mit weitergehenden Informationen vertraut macht, die für sie oder ihn neu sein dürften. Dabei werden zwei nach Schwierigkeitsgrad unterscheidbare Stufen der Integration der neuen Interpretationen vorgeschlagen:

Man kann vom Radixhoroskop ausgehen und die Aussagen dieses Buches hinsichtlich der Frage, ob der karmische Neumond im gleichen Zeichen und Haus stattfindet wie die Sonne, zur Deutung des Radixhoroskops hinzunehmen. In diesem Fall wird empfohlen, den karmischen Neumond zusätzlich aussen ins Radixhoroskop einzutragen.

Die zweite Stufe der Deutung geht ein Stück weiter, denn sie schlägt den wohl für die meisten unüblich erscheinenden Weg vor, vom Neumondhoroskop als Matrix auszugehen, dieses als solches mit seinen Zeichen-, Häuser- und Aspektstellungen inklusive Aszendent/Deszendent-Achse zu deuten, um danach in einem zweiten Schritt zu schauen, welche Konstellationen des Neumondhoroskops durch das Radixhoroskop über Aspekte der Synastrie ausgelöst werden.

Natürlich ist auch in diesem Fall nicht gedacht, dass das Neumondhoroskop das Radixhoroskop ersetzen soll. Vielmehr liefert es die Deutungstiefe, die zugänglich wird, wenn das Geburtshoroskop auf dem Hintergrund des vorher stattfindenden Neumondes und dessen Horoskop gedeutet wird. Man erkennt dann auf Anhieb, mit welchen Grundstrukturen und Mustern eine Radixstellung zusammenhängt, dies ganz unabhängig von allfälligen Aspektkombinationen, die sie im Radixhoroskop eingeht.

Ein weiterer Vorteil der Nutzung des Karmischen Neumondhoroskops liegt in jenen Fällen auf der Hand, in denen keine Geburtszeit vorliegt. Der Verlust an Informationen, der durch den Wegfall der Häuser entsteht, wird dabei durch den zusätzlichen Reichtum an Informationen kompensiert, die das Neumondhoroskop liefert.

In Anbetracht der Fülle des Materials hat das vorliegende Buch den ursprünglich vorgesehenen Umfang von 130 Seiten um circa 30 Seiten überschritten. Dies liegt unter anderem an der Vielfalt von Horoskopen bekannter Persönlichkeiten, die als Illustration dienen. Dabei bin ich mir bewusst, dass damit zum Karmischen Neumondhoroskop bei Weitem nicht alles gesagt ist, was es zu sagen gäbe. Der vorliegende Band dürfte dennoch deutlich machen, dass die Anwendung des Karmischen Neumondhoroskops aus der Versuchsphase herausgetreten ist und bereits jetzt für die praktische Astrologin und den praktischen Astrologen ein wichtiges Instrument darstellt, welches bei Beratungen die Deutungstiefe erweitert und insbesondere hinsichtlich der karmischen Bestimmung des ratsuchenden Klienten unersetzbare Informationen liefert.

Für mich war das Eintauchen in die Welt des Karmischen Neumondhoroskops, auch wenn ich mich schon früher intensiv damit befasst hatte, eine ebenso faszinierende wie bereichernde Reise mit vielen Aha-Erlebnissen, die mir einmal mehr die Sinnhaftigkeit des Kosmos und unseres Eingebettetseins in grössere Zusammenhänge vor Augen führte. Ich hoffe, dass ich Ihnen, als Leserin und Leser, von der Begeisterung, die das Thema bei mir auslöste, mit diesem Buch einiges herüberbringen kann.

Am Zustandekommen dieses Werks waren nicht nur die vielen Menschen beteiligt, die mir eine vertiefte Einsicht in die sie antreibenden Motive ihrer Psyche gewährten, sondern auch viele Personen in meinem beruflichen und privaten Umfeld. So danke ich Trudy Baumann für ihre Geduld beim Erfassen und Lektorieren des Manuskriptes und Armando Bertozzi für dessen Umsetzung sowie Bebilderung und für sein Verständnis im Zusammenhang mit Terminverschiebungen. Schliesslich danke ich meiner lieben Frau Alexandra Klinghammer dafür, dass sie mir in einer Zeit, während der ich durch meine Studien absorbiert war, den Rücken frei gehalten und grosses Verständnis gezeigt hat.

Wettswil, Dezember 2016

Claude Weiss

Astrologie, Karma und Wiedergeburt

Heute steht die Frage nach dem Sinn des eigenen Lebens bei astrologischen Beratungen weit oben auf der Prioritätenliste. Sie mag zwar nicht der Grund für die anberaumte Beratung sein, denn dafür drängen sich in den meisten Fällen eher praktische Probleme in den Vordergrund, seien es Beziehungskonflikte, Auseinandersetzungen am Arbeitsplatz, existenzielle Sorgen oder ein lähmendes Gefühl von Überforderung. Geht man diese Themen jedoch an, so begegnet man sehr bald der Frage, ob das Leben, so wie es der Ratsuchende führt, im Einklang steht mit tieferen Bedürfnissen nach persönlicher Erfüllung und Sinnhaftigkeit. Unverblümt formuliert lauert dahinter die Frage: Was ist der Sinn meines Lebens?

Das Geburtshoroskop ermöglicht es, auf diese Frage eine fundierte Antwort zu geben. Wenn es der Beratende ist, der diese Antwort formuliert, ist er hinsichtlich seines Umgangs mit dem eigenen Wertsystem herausgefordert. Im optimalen Fall wird er seine Antwort unter Berücksichtigung des Wertsystems des Klienten formulieren. Eine die Lösung von Problemen fördernde, überbauende Haltung legt nahe, dass man nicht die eigenen Werte dem Klienten aufzwingt, sondern diesem hilft, anzustrebende Ziele unter Zuhilfenahme von dessen Wertvorstellungen in Worte zu fassen. Um diese Haltung einzunehmen, ist es wichtig, dass der Beratende nicht selbst auf Vorstellungen fixiert ist, die er anderen unbedingt näherbringen will. Eine gewisse Lebensweisheit, Lebensreife und Zufriedenheit mit der eigenen Existenz ist hilfreich, um dies zu vermeiden, aber meist nicht ausreichend. Ähnlich einem Innenarchitekten, der seinen eigenen Geschmack und seine bevorzugte Stilrichtung nicht unbesehen seinem Klienten verordnet, sondern zusammen mit diesem herausfindet, wie er sich gemäss seinen eigenen Bedürfnissen in seinen vier Wänden besser fühlen kann. Dabei sollten in der astrologischen Beratung die Weichenstellungen, die empfohlen – oder besser: gemeinsam ausgearbeitet – werden, in der Sprache des Klienten ausformuliert sein und innerhalb seiner Welt von Vorstellungen und Werten stattfinden können.

Gewandelter Stellenwert der Vorstellung von Karma

Ähnlich verhält es sich mit weltanschaulichen und religiösen Fragen. Bis in die 1980er-Jahre fand man noch etliche – vor allem ältere – Astrologen, die das Horoskop – unabhängig von anstehenden Lernaufgaben – vor allem im Hinblick darauf deuteten, dem Ratsuchenden gute oder schlechte Zeiten vorauszusagen, ohne den Akzent darauf zu legen, welches eigene Verhalten zu Erfolg oder Misserfolg führt. Möglichst nichts an der eigenen Verhaltensweise ändern zu müssen, sondern lediglich vom Astrologen zu hören, wann die Sterne einem günstig oder ungünstig gesinnt sind und welche Feinde man meiden muss, beziehungsweise welche Strategie diesen gegenüber angebracht sein könnte, ist natürlich auch heute noch ein naheliegender Wunsch von Klienten, insbesondere von wohlhabenden, mit einer sich vor allem auf äussere Situationen ausgerichteten und nach Fragen von Gewinn oder Verlust orientieren Haltung, deren Interesse, vom Astrologen – und noch weniger von der Astrologin – Aufforderungen und Belehrungen entgegenzunehmen, sich in Grenzen hält. Diese Art von Erwartung ist jedoch in den letzten dreissig Jahren stark zurückgegangen, denn ein Bewusstseinswandel hat in dieser Zeit stattgefunden. So realisieren immer mehr Menschen, dass sie für Erfolg oder Misserfolg in ihrem Leben und sogar für das, was früher als Schicksalsschlag von aussen betrachtet wurde, zumindest teilweise selbst die Verantwortung tragen. Dies begünstigt auch die Sichtweise, dass wir durch verschiedene Inkarnationen hindurchgehen, in denen wir wichtige Erfahrungen machen, die zur Entwicklung unserer Seele beitragen.

Ein Abgesang auf die karmische Astrologie, wie ihn der berühmte französische Astrologe André Barbault in seinem «Requiem pour l'Astrologie karmique»[1] im Jahre 1991 veröffentlicht hat, ist daher nicht angebracht. Der 1921 geborene André Barbault war als wichtiger Pionier der französischen Astrologie der zweiten Hälfte des 20. Jahrhunderts in seiner Laufbahn von Anfang an damit konfrontiert, im Kontext einer von Rationalismus und Wissenschaftsgläubigkeit beherrschten Zeit die Astrologie gegen Kritiker zu verteidigen. Es ist deshalb verständlich, dass ihm die Verbindung der Astrologie mit dem karmischen Gedankengut nicht behagen konnte. Auch hat die Angelegenheit für ihn offensichtlich eine persönliche Note, denn er beklagt in seinem «Requiem», dass sogar «einige sehr nahe Freunde, die ich in hohem Ansehen habe, von diesem Virus angesteckt wurden». In dieser Situation bekennt er sich zum Grundsatz, «dass es besser ist, einiges mehr zu verwerfen, als zu wenig auszuschalten», wenn man sich vorgenommen hat, das klare Licht des Bewusstseins auf die Dinge zu richten, die man untersuchen will. Es sei, gemäss Barbault, sogar so, dass das Prinzip des Mathematikers Laplace, wonach «das Gewicht der Beweise proportional zur Merkwürdigkeit der Fakten sein müsse», sich nicht einmal auf die karmische Astrologie anwenden lasse. Bei karmischen Vorstellungen handle es sich ja letztlich lediglich um eine Spekulation, und die Welle, die aus den USA herüberschwappe, entspreche einer «depressiven und schizoiden Tendenz der Gegenwart», die dazu veranlasse, faule Lösungen zu suchen.

Die Vehemenz, mit der André Barbault mit der karmischen Astrologie abrechnet, lässt allerdings erahnen, wie sehr es ihn schmerzt, dass das, wofür er ein Leben lang gekämpft hat, nämlich die Astrologie auf eine wissenschaftliche Grundlage zu stellen, von Kollegen, die sich auch noch zunehmender Beliebtheit erfreuen, mit Füssen getreten wird. Seine Verzweiflung ähnelt jener des Schulmediziners, der mitansehen muss, wie seine Patienten zum Homöopathen abwandern, der nach einem Konzept arbeitet, welches gemäss allem, was er in seinem Studium gelernt hat, unmöglich funktionieren kann. Dies ist die Zeit, in der wir heute leben und in der eine zunehmende Zahl von Menschen sich stärker an dem orientiert, was für sie einen subjektiv nachvollziehbaren Sinn ergibt, als an den angeblich unumstösslichen Gewissheiten, die ein veraltetes und zu vieles ausschliessendes wissenschaftliches Korsett zulässt.

Reinkarnation als Spekulation?

Wenn Barbault die Reinkarnation als Spekulation bezeichnet und deshalb aufgrund der Ausgefallenheit der damit verbundenen Vorstellungen gemäss dem Prinzip von Laplace gewichtige und überzeugende Beweise fordert, so ist dies Ausdruck eines Mangels an Überblick. Natürlich kann man fordern, dass die Astrologie sich rigoros an wissenschaftlich beweisbare Richtlinien hält und Metaphysisches ausklammert. Dann muss jedoch befürchtet werden, dass sie wichtiger Aussagemöglichkeiten beraubt wird und die Qualität einbüsst, die sie ausmacht: zwischen der sichtbaren materiellen Welt und dem beseelten Kosmos eine Verbindung herzustellen – ein Vorgang, der dort Sinnhaftigkeit schafft, wo diese aufgrund übertriebener Wissenschaftsgläubigkeit verloren gegangen ist.

Man kann von einem umfassenden System wie der Astrologie auch erwarten, dass es Ausdruck einer höheren Ordnung ist und auf diese

Weise auf die Menschen sinnstiftend wirkt. Dazu gehören Antworten auf Fragen wie jene von jemandem, der wissen will, was es bedeutet, dass er ein ganz bestimmtes Horoskop hat und inwiefern dieses Rückschlüsse darauf erlaubt, woher er kommt und wohin er geht. Dies bedeutet letztlich, dass man zwar durchaus Astrologie betreiben kann, ohne auf den Sinn der Existenz einzugehen, die über ein bestimmtes Horoskop zum Ausdruck kommt, dies jedoch nicht wirklich befriedigt, weil damit Antworten auf wesentliche Fragestellungen nicht gegeben werden können. Befasst man sich als Astrologe aus diesem Grunde mit metaphysischen Fragen, die den Sinn dieses Lebens betreffen und gar über dieses Leben hinausgehen, so gibt es keine sinnstiftendere Erklärung für den Sinn unseres Geburtshoroskops im Hinblick auf unser Hineingestelltsein in diese Welt als die Lehre von Karma und Wiedergeburt.

Karma und die monotheistischen Religionen

Zwar haben die monotheistischen Religionen in ihrer heutigen Ausprägung mit der Lehre der Wiedergeburt Mühe, aber dies war nicht immer so und scheint nachvollziehbare Gründe zu haben. So war die Reinkarnationslehre in der Antike sehr verbreitet, und verschiedene Quellen belegen, dass es sich zur Zeit Jesus Christus' um eine Lehre handelte, die sowohl bei den Juden als auch bei den frühen Christen vorherrschend war. Ab dem 4. Jahrhundert gab es jedoch in der katholischen Kirche verschiedene Tendenzen, die Lehre der Wiedergeburt zu verbannen, was schliesslich beim zweiten Konzil von Konstantinopel im Jahre 553 in der rigorosen Form durchgesetzt wurde, dass sogar die Präexistenz der Seele verurteilt wurde, die insbesondere von Origines und einigen seiner Schüler vertreten worden war.

Da es sich dabei um eine willkürliche Entscheidung der katholischen Kirche handelt, die nicht dem Geist entspricht, der zu Beginn des Christentums herrschte, besteht für gläubige Christen kein Widerspruch darin, sich Vorstellungen von Karma und Wiedergeburt zu öffnen. So zeigen auch verschiedene Umfragen, dass in den meisten europäischen Ländern 20–30 % der Menschen an Reinkarnation glauben, dies mit zunehmender Tendenz. Dementsprechend berichtet Aloisia Kopp[2] in ihrem Buch aus dem Jahre 2008, «Warum wir an das Schicksal glauben», darüber, dass Umfragen aus dem Jahre 1990 einen Anteil von 18,3 % Personen brachte, die in Europa an Reinkarnation glaubten, während dieser Wert bis 1999 auf 24 % stieg, mit besonders hohen 1999er-Werten von 31 % für Polen, 24 % für Österreich und ca. 20 %

für die Schweiz und Deutschland, jedoch bloss 9–11 % für ex-kommunistische Gebiete wie Tschechien oder die DDR.

Die erhaltenen Werte variieren aber auch in Funktion der Art der konkret gestellten Frage. So kommt Harald Wiesendanger anlässlich der Basler PSI-Tage 2000 gemäss Umfragen darauf, dass in der Schweiz zwischen 29–36 % der Einwohner an Reinkarnation glauben (ca. ein Drittel der Bevölkerung). In einem ähnlichen Bereich bewegt sich die Schätzung, die anlässlich der Sendung «Kreuz und Quer» vom 10. August 2015: «Wiedergeboren – Vom Glauben an die Reinkarnation» (3sat) gemacht wird: So sollen 30 % der europäischen Bevölkerung an Reinkarnation glauben.

Bei diesen Umfragen scheinen Alter und Geschlecht eine Rolle zu spielen. Wenn beispielsweise gemäss einer neueren Untersuchung in den USA 27 % der Menschen an Reinkarnation glauben, so beträgt der Wert für die Frauen 30 %, für die Männer 23 %, mit besonders hohem Wert im Bereich von 40 % im Alter von 25–29 Jahren.

Auch unabhängig von einer schon vorher vorhandenen spirituellen Ausrichtung lässt sich im Weiteren beobachten, dass bei Menschen mit Nahtoderlebnissen der Prozentsatz jener, die von sich einander folgenden Wiedergeburten ausgehen, wesentlich höher ist. So hat auch die schweizerisch-US-amerikanische Psychiaterin Elisabeth Kübler-Ross (1926–2004), die systematisch Nahtoderfahrungen erforschte und als Begründerin der Sterbeforschung gilt, in starkem Masse dazu beigetragen, das Konzept der Reinkarnation im Westen populär zu machen. Dabei löste sie bereits 1975 mit der Behauptung, ein Leben nach dem Tod wissenschaftlich beweisen zu können, lebhafte Kontroversen aus. Es sind aber auch die verschiedenen Angebote an Reinkarnationstherapien, die es seit den 1970er-Jahren in den westlichen Ländern gibt, welche die Sensibilisierung für die Reinkarnationslehre vorangetrieben haben. Im deutschsprachigen Bereich gehört dazu insbesondere der Diplompsychologe Thorwald Dethlefsen [3], in den USA der Psychiater Dr. Ian Stevenson [4], die Psychologin Dr. Helen Wambach [5] und der Psychologe Dr. Michael Newton [6].

Reinkarnation: Ein auch astrologisch plausibles Modell für kosmischen Ausgleich

Die meisten philosophischen und religiösen Modelle sind bestrebt, ein Gefühl von Gerechtigkeit und eine gewisse Plausibilität zu vermitteln. Bei den heutigen Ausprägungen der drei monotheistischen Religionen Judentum, Christentum und Islam wird ein lineares Modell mit

Anfang (Geburt) und Ende (Tod) bevorzugt. Alles entscheidet sich in diesem Leben und was nachher kommt wird dadurch geprägt, wie dieses eine Leben geführt wurde. Dieses wird beurteilt und die Entscheidung fällt eine Art «Gericht». Während man guten Glaubens sein kann, dass es im Jenseits gerecht zu und her geht, bleibt dabei dennoch die Frage, warum die Menschen ihr Leben mit völlig unterschiedlichen Voraussetzungen starten. Auch wenn argumentiert wird, dass dies die Beurteilung, wie das eigene Leben geführt wurde, nicht beeinträchtigen muss, bleibt die Frage, ob es nicht einen Weg geben könnte zu erklären, warum die Startvoraussetzungen derart unterschiedlich sind.

Eine Antwort auf diese Frage erscheint noch dringlicher, wenn man als Astrologe an das individuelle Leben herangeht. Dabei gebietet es die «Political Correctness», dass wir nicht, wie dies früher teilweise üblich war, von «guten» oder «schlechten» Horoskopen sprechen, obwohl kein Zweifel besteht, dass es einfachere und schwierigere Horoskope gibt. Zwar wird argumentiert, dass man mit jedem Horoskop etwas Besonderes und Herausragendes aus seinem Leben machen kann – wenn nicht über eine äussere, dann mindestens über eine innere Entwicklung – aber die Frage stellt sich dennoch, warum einem Menschen kleine oder riesengrosse Hürden in den Weg gelegt werden.

Während sich die monotheistischen Religionen damit schwer tun, darauf eine Antwort zu geben oder sich diese meist darin erschöpft, dass «die Wege Gottes unergründlich sind», was ja durchaus sein kann und etwas ist, das man in diesem Fall akzeptieren muss, liefert die Reinkarnationslehre dafür ein plausibles Modell: Auf dem Weg von einem einfacheren, animalischen, von Triebhaftigkeit und Materialismus geprägten Bewusstsein zu einer feineren, weniger zwanghaften und freieren Stufe des Seins gehen wir in verschiedenen Inkarnationen durch unterschiedliche Phasen, die uns ermöglichen, wesentliche Dinge zu verstehen und über ein Denken in gegensätzlichen Dualitäten hinauszuwachsen. Dabei zeigt das Horoskop an, um welche Aufgaben es in diesem Leben geht. Die «Entwicklungshöhe» – ein Begriff, den der bekannte deutsche Astrologe Thomas Ring in der ersten Hälfte des 20. Jahrhunderts geprägt hat – ist dabei im Horoskop nicht angezeigt. So wissen wir als äussere Betrachter nicht, auf welcher Ebene ein Horoskopeigner Konfrontationen und Konflikte, die durch bestimmte Konstellationen angezeigt sind, austrägt und inwieweit es dem Betreffenden gelingt, die erfüllenderen Ausdrucksformen der miteinander im Widerstreit befindlichen Kräfte zu entwickeln. Das Horoskop ermöglicht somit zu sagen, um welche Themen und Aufgaben es im Leben geht, aber – zumindest ohne Kenntnis des bisherigen Lebenslaufs – nicht, im Voraus zu beschreiben, wie das Resultat einer angezeigten inneren und äusseren Spannung zwischen verschiedenen Qualitäten ausfallen dürfte. In dieser Sichtweise ist es nämlich unsere Haltung, die darüber entscheidet, ob die Konfrontation mit dem, was uns als Prägung – oder, wie es uns manchmal erscheint – als Schicksal bestimmten Situationen zustreben lässt, als leidvolle Erfahrung erlebt wird, der wir scheinbar ausgeliefert sind, oder als Gelegenheit, daraus zu lernen, um danach vieles anders zu machen.

Gründe sich zu inkarnieren

Der Frage, warum sich die Menschen inkarnieren, sind verschiedene Forscher nachgegangen. Besonders interessant und umfangreich sind dabei die Studien von Helen Wambach [7], die ca. 1000 Personen in durchschnittlich fünf verschiedene Leben zurückversetzte, was ein Total von 5000 Rückführungen ergibt, welche von ihr statistisch untersucht wurden (Wambach 1978).

Dabei interessierten sie zunächst folgende drei Fragen:

- Suchten sich die Menschen ihre neue Inkarnation selbst aus und bereiteten sie sich auf diese vor oder fühlten sie sich gezwungen, sich wieder zu inkarnieren?
- Warum inkarnierten sich ihre Klienten? Und wenn sie ihre Inkarnation selbst wählten, was war ihr Hauptmotiv sich zu inkarnieren?
- Suchten sich die sich inkarnierenden Seelen für dieses Leben ihr Geschlecht aus?

Die Antworten zur ersten Frage fielen recht unterschiedlich aus. Einige verglichen den Prozess des sich Inkarnierens mit einer Talwanderung, während andere die Wirkung eines Riesenstaubsaugers beschrieben, der sie einsog. Einige bereiteten sich sorgfältig auf die neue Inkarnation vor, indem sie den Rat von Freunden und erfahrenen Beratern einholten, andere wiederum hatten Angst und mussten überzeugt werden, den Schritt zu tun. Aufgeschlüsselt ergaben sich folgende Antworten:

8 % fühlten nichts;

11 % erlebten Widerstände und hatten in kleinerem oder stärkerem Umfang Angst;

56 % zögerten;

23 % bereiteten sich aktiv vor;

3 % hatten es zu eilig, um Pläne zu schmieden oder sie verhielten sich im Widerspruch zu erhaltenen Ratschlägen.

So kann man sagen, dass etwa 20 % sich gezwungen fühlten zurückzukehren und um die 80 % ihre Wiedergeburt entweder wünschten oder mehr oder weniger akzeptierten. Einige mussten überzeugt werden, andere waren von der Möglichkeit, wieder einen Körper anzunehmen, begeistert. Die meisten berichteten von einem Kreis von Beratern, an die sie sich wenden und mit denen sie ihre Sorgen und Hoffnungen besprechen konnten.

Auf die zweite Frage wussten vor allem jene 60 %, die sich an die Zeit zwischen dem letzten und diesem Leben erinnern konnten, eine Antwort. Die restlichen 40 % waren sich meist nicht bewusst, warum sie sich inkarniert hatten. Die Gründe für die Wiedergeburt fasst Wambach (1979) wie folgt zusammen:

27 % kamen zurück, um anderen zu helfen und selbst spirituell zu wachsen;

26 % kamen, um neue Erfahrungen als Ergänzung oder als Korrektur und Ausgleich zu sammeln;

18 % kamen, um zwischenmenschliche Kontakte und Austausch zu pflegen;

18 % kamen, um an karmischen Beziehungen zu arbeiten;

12 % kamen aus verschiedenen Gründen.

Spezifische Bedürfnisse richteten sich darauf, Ängste zu überwinden, Führung zu erlernen und zu praktizieren, Demut zu pflegen oder eine politische Gruppe anzuführen.

Einige der Aussagen lauteten:

- Ich musste an einigen Themen in der Beziehung zu meiner Mutter arbeiten;
- ich kam zurück, um etwas zu spüren und die Dinge berühren zu können;
- ich kam zurück, weil ich früh gestorben war;

- nach einem etwas chaotischen vorangegangenen Leben brauchte ich die Möglichkeit, die Dinge wieder in den Griff zu bekommen.

Auf ihre dritte Frage fand Helen Wambach einen erstaunlich hohen Anteil an Menschen, die ihr Geschlecht selbst wählten: 76 % taten dies, während 24 % entweder keine Wahlmöglichkeit hatten oder sich nicht darum kümmerten. Ihre Eltern suchten sich vor allem jene aus, welche für dieses Leben konkrete Pläne hatten, während andere nicht wussten, warum sie zu ihren Eltern kamen. Es zeigte sich auch, dass die Tatsache, die eigenen Eltern von früher her zu kennen, für einige kein Grund war, sich darüber zu freuen. Es kam auch zu Fehleinschätzungen im Sinne von «falscher Moment», «falscher Ort», «falsche Eltern» oder «falsches Geschlecht».

Der Frage, wann sich die Seele mit dem Fötus vereinigt, ist Helen Wambach ebenfalls nachgegangen. Die Ergebnisse ihrer Studie mögen dabei erstaunen: Nur 11 % der Seelen verbanden sich in den ersten sechs Monaten der Schwangerschaft mit dem Fötus, davon einige wenige bereits im Moment der Empfängnis. Weitere 12 % gingen gegen Ende des sechsten Monats eine Verbindung mit dem Fötus ein und 39 % während der letzten drei Monate. 33 % taten dies schliesslich kurz vor der Geburt, während 5 % die Geburtserfahrung mieden und sich erst unmittelbar nach der Geburt vereinigten.

Astrologischer Umgang mit karmischen Themen

Die obigen Ausführungen legen einen gewährenden Umgang mit karmischen Themen nahe. Astrologische Erkenntnisse zu früheren karmischen Situationen und zu bevorstehenden Aufgaben und Lösungsansätzen sind dementsprechend von Vorteil, wenn sie aufgrund von neuen Einsichten dazu dienen, uns von Festlegungen zu befreien, sodass uns mehr Alternativen zur Verfügung stehen, als dies bisher der Fall war. Sie bringen hingegen nichts oder wirken sich negativ aus, wenn sie benutzt werden, um eine frustrierende Situation, in der man sich vielleicht schon lange befindet, zu rechtfertigen und zu legitimieren. Das Thema hat dabei Ähnlichkeiten mit jenem der «schlimmen Kindheit». Ein schwierige Kindheit kann bekanntlich zum Hebel werden für besondere Leistungen, weil man sich aus einer bisherigen Abhängigkeit und Fixierung auf negative Entsprechungen befreien will. Nutzen wir jedoch den Umstand unserer schwierigen Kindheit um zu rechtfertigen, dass wir uns nach wie vor in einer frustrierenden und misslichen Situation befinden, kommt es nicht zum gewünschten Befreiungsprozess. Im ersten Fall wachsen wir über uns selbst hinaus, indem wir unser Leben aktiv und transformativ angehen, im zweiten Fall machen wir unsere Eltern, unser missliches Schicksal oder unsere karmische Vergangenheit dafür verantwortlich, dass es uns jetzt schlecht geht.

In eine ähnliche Kategorie negativer Verhaltensweisen, die uns in unserer Entwicklung nicht weiter bringen, fallen sogenannte karmische Erkenntnisse, die wir dazu verwenden, um anderen Menschen Schuldgefühle einzuflössen nach dem Motto, dass sie nun büssen müssen, weil sie in einem früheren Leben einiges falsch gemacht haben sollen. Solche massregelnden Verhaltensweisen sind in höchstem Masse schädlich, weil sie den anderen festlegen und in seiner Entwicklungsfreiheit einschränken, statt seinen Freiheitsgrad zu vergrössern.

Um einer solchen Gefahr aus dem Wege zu gehen, habe ich mir im Umgang mit karmischen Themen eine Vorgehensweise angewöhnt, die die Entsprechungen einer Konstellation als Polarität in ihrer ganzen Bandbreite beleuchtet. Dies ist umso wichtiger, als Klienten zur selektiven Wahrnehmung neigen, sodass sie sich häufig Aussagen, die zur Festlegung dienen können, mit besonderer Hartnäckigkeit zu eigen machen. Wenn es beispielsweise um die Deutung der Mondknotenachse geht, die sich aufgrund der darin zum Ausdruck kommenden Polarität besonders dazu eignet, Vergangenheit und Zukunft sowie festlegende und befreiende Verhaltensweisen zu charakterisieren, hilft häufig der Hinweis, dass es letztlich darum geht, sich an beiden Polen wohlzufühlen und damit die Dualität, die der Ratsuchende auf dieser Achse erlebt, aufzulösen.[8] Besonders deutlich ist dies im Zusammenhang mit Themen, die mit Leben und Tod sowie mit Täter- und Opferrollen zu tun haben, etwas was zum Beispiel mit Mars am absteigenden Mondknoten anklingt. Menschen mit solchen Stellungen fällt es meist leichter, sich als Opfer zu erleben und die Täterrolle auf andere zu projizieren. Es hilft in diesem Fall, darauf hinzuweisen, dass die Person auf dieser Achse eine Fixierung zeigt und es sinnvoll ist, beide Seiten bei sich selbst annehmen zu können.

Nach diesen Ausführungen, die dazu dienen sollen, Missverständnissen im Umgang mit karmischen Themen vorzubeugen, können wir uns als nächstes der Frage zuwenden, inwieweit der Einbezug des karmischen Neumondes die karmische Horoskopanalyse auf einzigartige Weise erweitert.

Eigene Erfahrungen mit dem karmischen Neumond

Wenn das Ausland schon früh mitspielt

Wenn ich mich in meine Kindheit zurückversetze und mich frage, welche Erfahrungen mich ganz besonders prägten, so stelle ich fest, dass diese in starkem Masse mit dem Ausland und mit fremden Sprachen und Kulturen zu tun hatten. So gehörte zu den markantesten Erfahrungen des Grundschulalters, dass ich nach anderthalb Jahren Primarschule in Frankreich – weil sich meine Mutter mit mir damals im Haus ihrer Eltern in Savoyen aufhielt – im Alter von 8 ½ Jahren, praktisch ohne ein Wort Deutsch zu können, ins zweite Jahr einer Basler Primarschule kam. Französischsprachig aufgewachsen, musste ich mich schnell und ohne Vorbereitung auf die deutsche Sprache und die Schweizer Mundart umstellen. Zum Verständnis vorausschicken muss ich, dass mein Vater, der ein sehr engagierter Lehrer, aber auch ein begeisterter Bergsteiger war, abstürzte, als ich keine drei Monate alt war, sodass ich alleine mit meiner Mutter aufwuchs.

Das Experiment der Schock-Umschulung funktionierte, und es gelang mir, mich bis zum Ende der 4. Primarklasse fürs Gymnasium zu qualifizieren, sodass ich im Alter von knapp elf Jahren ins Mathematisch-Naturwissenschaftliche Gymnasium (MNG) eintrat.[9] Das Interesse für fremde Länder muss sehr gross gewesen sein, denn das Lieblingsspiel, welches ich in der ersten Zeit des Gymnasiums mit grossem Ernst während den Pausen betrieb, war ein Geographiespiel. Zusammen mit einem Klassenkameraden fragten wir uns zwischen den Lektionen Hauptstädte, Städte, Flüsse und Berge der verschiedenen Länder der Welt ab. (Später wurden daraus in der Oberstufe des Gymnasiums philosophische Diskussionen mit anderen Klassenkameraden, die ebenfalls während der Pause stattfanden.) Im Hinblick auf meinen Notendurchschnitt gereichte mir zu Beginn des Gymnasiums zum Vorteil, dass ich aufgrund meiner Muttersprache im Französisch beste Noten nach Hause brachte. Es zeigte sich auch bald, dass die Beherrschung von Französisch und Deutsch das Erlernen der englischen Sprache zum Kinderspiel machte – eine weitere Möglichkeit, um eine solide Basis im sprachlichen Bereich aufzubauen.

Tabula rasa, Philosophie und fremde Religionen

Mit dem Beginn der Oberstufe des Gymnasiums – nach acht Schuljahren – fand jedoch ein weit bedeutsameres Ausgreifen nach dem fernen Ausland und nach Philosophie, Psychologie und Religion statt. Von den westlichen Philosophen begeisterte mich zunächst vor allem **René Descartes,** der ganz besonders durch den Satz «Ich denke, also bin ich» bekannt wurde. Was mich an Descartes vor allem faszinierte, war seine Forderung, mit dem von anderen übernommenen Wissen Tabula rasa zu machen, um nur das als richtig zu akzeptieren, was durch die eigene schrittweise Analyse und logische Reflexion als plausibel erkannt wurde. Dabei lasse sich insbesondere über Reisen und im Kontakt mit fremden Kulturen neues Wissen erarbeiten, das man mit Hilfe der eigenen Denkfähigkeit auf dessen Stichhaltigkeit überprüfen kann. Bei diesem Prozess komme man über die Rolle des Beobachters weiter als über jene des Schauspielers, der zu stark am Geschehen teilhat, um einen objektiven Standpunkt einzunehmen.

René Descartes

Alle diese Regeln hat Descartes (1596–1650) befolgt, wobei es für ihn aufgrund der grösseren Meinungsfreiheit gute Gründe gab, nicht in Frankreich zu bleiben, wo er aufwuchs, sondern den grössten Teil seines Philosophenlebens in den Niederlanden zu verbringen – zu abschreckend war das Beispiel des zur gleichen Zeit lebenden Galileo Galilei, der von der katholischen Inquisition gezwungen wurde, abzuschwören, dass sich die Erde um die Sonne dreht.

Eine völlig andere Art von Impulsen vermittelte mir andererseits meine Begeisterung für Yoga, Hinduismus und Buddhismus, die ebenfalls in die Zeit der Oberstufe am MNG fällt. Die damit verbundene nicht nur intellektuelle Beschäftigung mit völlig anderen Auffassungen betreffend Zuordnung von Erfahrungen des Alltags und Möglichkeiten des Menschen, mit seinen Fähigkeiten umzugehen, hat mich tiefgehend geprägt und in mir den unbeugsamen Drang geweckt, später in meinem Leben nach Indien zu gehen, in der Erwartung, dort mit Dingen in Kontakt zu kommen, für deren Existenz mir bisher keine befriedigenden Erklärungen bekannt waren. Diese Beschäftigung mit Urwissen aus alten Zeiten führte zuweilen zu Reaktionen, die dazu beitrugen, mir einen etwas exotischen Status in der Schule zu vermitteln. Als ich beispielsweise in einer Deutschstunde mit einem Lehrer, der sich sehr langsam artikulierte, was dazu führte, dass im Unterricht ein Anflug von Langeweile aufkam, dafür sorgte, das Beste aus der Situation zu machen, indem ich die Gelegenheit nutzte, um Schreibübungen mit der linken Hand zu absolvieren, wurde ich gefragt, was ich denn da mache. Meine Antwort, dass ich damit meine rechte Gehirnhälfte trainiere, löste beim Lehrer Perplexität aus. Er hatte noch nie von etwas Derartigem gehört, liess mir aber immerhin mangels eigenen Wissens die Möglichkeit, mit meinen Übungen weiterzufahren. Hinzu kam, dass Gebiete, die mich ganz besonders interessierten, wie die moderne Physik mit ihrer Postulierung eines Raum-Zeit-Kontinuums sowie Heisenbergs Unschärferelation auf der einen Seite und die Erkenntnisse der modernen Psychologie, wie sie aus den Forschungen Sigmund Freuds und C. G. Jungs hervorgingen, auf der anderen, einen ganz besonderen Sog auf mich ausübten.

Wahl eines Studiums, das Auslandaufenthalte begünstigt

So boten sich zum Abschluss meiner Gymnasiumszeit beide Disziplinen als Studienrichtungen an. Das Problem war jedoch, dass ich mich weder für die eine noch für die andere Richtung entscheiden konnte, was im Wesentlichen damit zu tun hatte, dass ich befürchten musste, bei einem Studium von derart langer Dauer wertvolle Zeit zu verlieren, die ich – ganz im Geiste Descartes' – dazu hätte nutzen können, um die Denk- und Verhaltensweisen unterschiedlicher Völker kennenzulernen. Dieses Argument überzeugte mich, und ich immatrikulierte mich nach einem kurzen Aufenthalt an der Uni Basel, wo ich versuchsweise Vorlesungen in Philosophie, Psychologie, Soziologie und Theologie belegte, an der Eidgenössischen Technischen Hochschule (ETH) in Zürich für ein Studium als Ingenieur Agronom, zuversichtlich, dass ich mit diesem Beruf die Möglichkeit haben würde, zu reisen und gleichzeitig einen Beitrag zur Bewältigung des damals in den 1960er-Jahren als dringend erlebten Problems des Hungers in der Welt leisten könnte. Für das gemäss Studienplan vorgesehene Praxisjahr in einem landwirtschaftlichen Betrieb wählte ich Israel aus, weil mich die Institution des Kibbuz als soziales Experiment und als mögliche Form kommunaler wirtschaftlicher Tätigkeit sehr interessierte. Die Reise dorthin traten meine Frau und ich – ich hatte ein Jahr vorher im zarten Alter von 20 Jahren geheiratet – 1961 mit dem Auto an, und wir nahmen uns für die Durchquerung von Jugoslawien, der Türkei, Syriens, Libanons und Jordaniens ganze zwei Monate Zeit – eine Gelegenheit, faszinierende und bewusstseinserweiternde Erfahrungen mit anderen Kulturen zu machen. Damit war eine Auslandstätigkeit bereits vorgespurt, und es war naheliegend, nach dem Diplom, das meine Frau und ich gleichzeitig an der ETH absolvierten – sie in Biologie, ich in Agronomie – ein Postgraduate-Stipendium für eine Arbeit an einer ausländischen Universität anzunehmen, wobei es uns damit nach Südspanien zog – eine ideale Möglichkeit, um bei dieser Gelegenheit zusätzlich, im rudimentären Stadium vorhandene, Spanischkenntnisse zu vertiefen und sich damit eine der für Auslandeinsätze wichtige weitere Weltsprache anzueignen. Auch diese Reise nach Südspanien erfolgte mit dem Auto, wobei unser Hauptgepäck eine reiche Sammlung von Büchern zu den verschiedensten Themen modernen Denkens und Wissens war. Diese Planung bewährte sich, denn meine agronomischen Studien liessen mir viel Zeit, um mein Allgemeinwissen in verschiedensten Gebieten zu vertiefen. Dabei reifte in zunehmendem Masse die Überzeugung, dass wesentliche Wissensinhalte, die uns im Verständnis der Welt weiterbringen, nicht an der Universität vermittelt werden, sondern besser durch eigene Studien zu erarbeiten sind.

Als Agronom nach Indien

Nach Erfüllung des einjährigen Postgraduate-Aufenthaltes in Spanien ging es wieder in die Schweiz zurück, und ich machte dabei eine in höchstem Masse interessante Erfahrung: Den drängenden Wunsch aus meiner Jugendzeit, nach Indien zu gehen, in der Vorstellung, dass dort wichtige Erfahrungen auf mich warteten, hatte ich hintangestellt, auch wenn ich den Kontakt zur indischen Philosophie nie abbrach. So ergriffen meine Frau und ich jedes Jahr in der Sommerzeit die Gelegenheit, nach Saanen im Berner Oberland zu reisen, um uns dort die Vorträge des indischen Philosophen J. Krishnamurti, die er alljährlich an diesem Ort hielt, anzuhören. Nun wurde mir jedoch nach bloss vier Monaten Anstellung in einer Firma, die sich dem Einsatz von Stickstoffdüngemitteln zur Steigerung der landwirtschaftlichen Produktion in Entwicklungsländern widmete, das Angebot gemacht, als Agronom nach Indien zu gehen. Wie zu erwarten, zögerte ich nicht lange, und der Rest der Geschichte lässt sich in wenigen Worten erzählen: Ich kam dort in Kontakt mit der Astrologie und konnte dabei an das anknüpfen, was mir ein faszinierendes Buch des Psychiaters und Daseinsanalytikers Professor Medard Boss, «Indienfahrt eines Psychiaters», [10] schon zu Beginn meiner Studentenzeit an interessanten Erkenntnissen vermittelt hatte: Dass die Astrologie viel mehr ist als die Zeitungshoroskope und die Disziplin in Indien von Astronomen und Universitätsprofessoren gepflegt wird. Das überragende Aha-Erlebnis war aber, dass ich damit daran war, jene Synthese zu finden, nach der ich unbewusst auf der Suche war: die Verbindung zwischen der Formelsprache der Mathematik und deren Entsprechungen in der Physik mit den Erkenntnissen der Psychologie. Die Astrologie schien eine solche Kombination anzubieten.

Der weitere Verlauf meiner beruflichen Ausrichtung dürfte vielen bekannt sein. Ich kam 1967 in Indien mit der Astrologie in Kontakt, und es wurde mir nach kurzer Zeit klar, dass es sich dabei um eine ungewöhnlich umfassende Methode handelt, um das eigene Skript, den Lebensplan, den wir in uns tragen und unbewusst ausführen, ins Bewusstsein zu heben und auf dieser Basis Lösungsansätze für Krisen und Hindernisse zu identifizieren und anzubieten. Da diese Möglichkeit den meisten Zeitgenossen noch völlig unbekannt war, faszinierte mich in der Folge die Perspektive, astrologisches Wissen zu verbreiten, dies aber unter Einsatz der modernen Mittel der Technik und Elektronik zu tun. Dieses Vorhaben setzte ich zehn Jahre später konkret um, als ich mich selbständig machte und Anfang 1978 die ASTRODATA gründete.

Radixhoroskop alleine nicht ausreichend aussagekräftig

Dass ich den Verlauf meines Lebens auf der Suche nach der eigenen Berufung derart detailliert beschrieben habe, hat einen guten Grund und steht im direkten Zusammenhang mit dem Thema dieses Buches. Dabei geht es um die Frage, ob die dargelegte Lebensausrichtung, die in besonderem Masse mit dem Ausland, der Philosophie und dem Weitergeben von Wissen zu tun hat, auf Anhieb aus meinem in *Fig. 1* abgebildeten Geburtshoroskop hervorgeht. Die Erklärung, die mir ganz am Anfang meiner Beschäftigung mit Astrologie ein indischer Astrologe zu meinen Geburtskonstellationen gab, dass ich nämlich wegen meinen vielen Planeten im neunten Haus die Welt bereise und in Indien bin, wo ich die verschiedenen Tempel aufsuche, gab mir jedoch später kein westlicher Astrologe. Die stimmige Deutung des indischen Astrologen muss damit zu tun gehabt haben, dass er – wahrscheinlich aufgrund der Arbeit mit äqualen Häusern und vielleicht auch be-

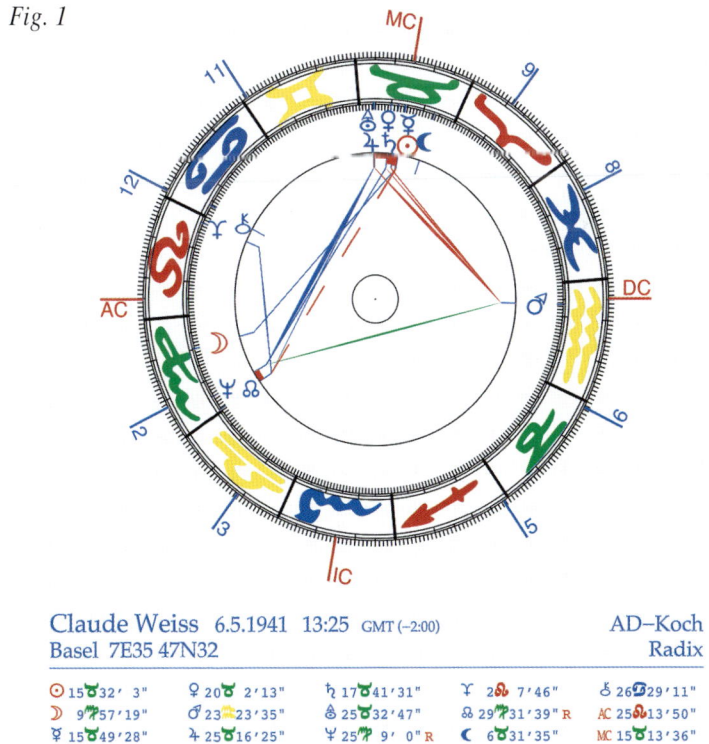

Fig. 1

Definition und Berechnung des Karmischen Neumondhoroskops (KNH)

Der karmische Neumond ist als jene Sonne/Mond-Konjunktion definiert, die vor der Geburt stattfand und den Beginn des persönlichen Sonne/Mond-Zyklus darstellt. Der Zeitpunkt, zu welchem sich die Sonne/Mond-Konjunktion ereignete, liefert die Geburtszeit für das zu erstellende Horoskop, und dieses wird für den Geburtsort berechnet. Bei einigen Computerprogrammen (z. B. ‹Vision›) genügt ein Tastendruck, um – ausgehend vom Radixhoroskop – das Karmische Neumondhoroskop (KNH), als Neumond vor der Geburt, einzublenden, was die Arbeit erleichtert. Ansonsten kann der Zeitpunkt des Neumondes der Ephemeride entnommen werden, sodass aufgrund dieser Angabe das KNH berechnet wird. Bei der Deutung wird das KNH als Matrix betrachtet, aus welcher durch den Geburtsmoment (das Geburtshoroskop) bestimmte Faktoren aktiviert und mit Energie besetzt werden.

stimmter Methoden der indischen Astrologie, die sich nach dem fixen Zodiak ausrichtet – viele meiner Planeten im neunten Haus sah.

Solches widerfuhr mir in der Folge aber mit keinem westlichen Astrologen, denn man findet in meinem Horoskop, auch wenn man ausgiebig sucht – mit Ausnahme der historisch später eingeführten Lilith – keinen einzigen astrologischen Faktor im neunten Haus. Auch der Versuch, aus der Ballung, die im zehnten Haus meines Horoskops zu beobachten ist, den Jupiter als besonders bedeutsam herauszukristallisieren, wäre an den Haaren herbeigezogen, denn es ist nicht einsichtig, warum ihm gegenüber anderen Planeten eine besondere Rolle zukommen sollte. Nach meinem heutigen Wissensstand würde ich eher den Uranus als bedeutsamsten langfristig wirksamen Planeten in meinem zehnten Haus herausstreichen, weil er von allen der langsamste ist – eine im Zusammenhang mit dem gewählten Beruf als Astrologe zwar zutreffende Deutung, was aber das Reisen und die Philosophie als prägende Motivationen nicht erklärt.

Neumond-Horoskop steuert die wesentlichen Informationen bei

Betrachtet man jedoch das in *Fig. 2* abgebildete Horoskop des vorgeburtlichen oder karmischen Neumondes, so wird die Affinität zum Ausland, zu fremden Sprachen und Kulturen sowie zur Rolle als Lehrer, Autor und Referent auf Anhieb erkennbar. Das stark besetzte neunte Haus legt davon auf eine Weise Zeugnis ab, die sich nicht übersehen lässt. Dazu passt auch die Erkenntnis, die mir Anfang der 80er-Jahre im Zusammenhang mit einer Sequenz in einer Selbsterfahrungsgruppe zuteil wurde, als ich, vor die Frage gestellt, warum ich mich inkarniert habe, die Antwort gab: «Um die Gelegenheit zu haben, besser zu verstehen, warum die Menschen so denken und handeln, wie sie es tun, und was der Sinn des Lebens ist.» Es ging dabei nicht um das Ziel, eine Familie zu gründen, Einfluss zu haben, reich oder berühmt zu sein, sondern ganz einfach darum, mein Verständnis des Lebens und der Motive, die uns individuell und kollektiv antreiben, voranzubringen. Dementsprechend war ich auch schon früh sehr darauf bedacht, keine Beziehung einzugehen, die vonseiten einer Partnerin mit gros-

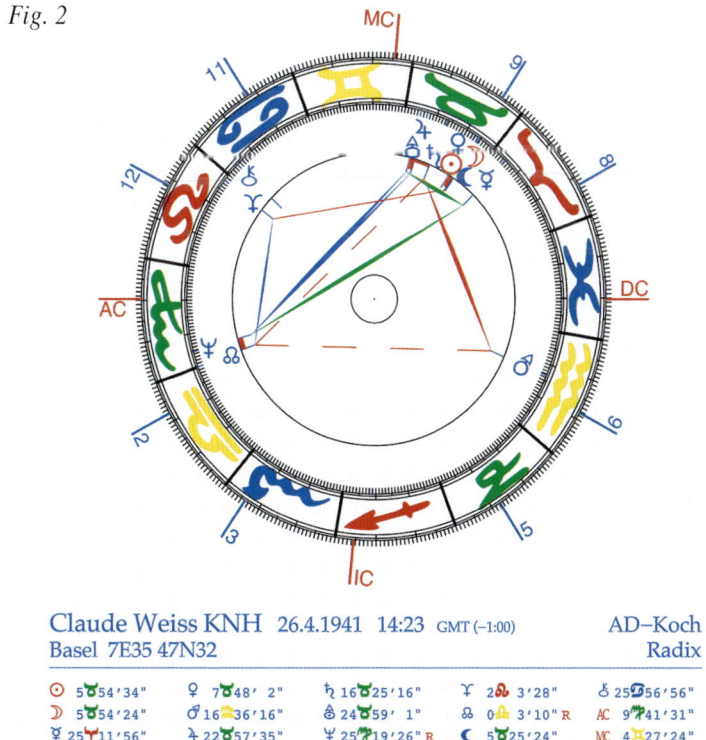

Fig. 2

sen Erwartungen hinsichtlich materieller Absicherung verbunden sein würde. Das römische Sprichwort «Aut liberi, aut libri» (Entweder Kinder oder Bücher) nahm ich schon sehr früh recht ernst. Der grösste Horror war mir dementsprechend auch die Situation mancher Kollegen, denen ich im Berufsalltag begegnete und deren eingeschränkter Freiraum wegen Erwartungen der Familie und abzuzahlenden Hypotheken auf einem Haus beruflich keinerlei Bewegungs- und Ausweichmöglichkeit liess, wenn ihnen die Stelle, die sie innehatten, verleidet war. Deren Situation kam mir als eine Art selbstgewählter Versklavung vor. Als ich mich im Alter von 36 Jahren von meinem sicheren Job als Verkaufsleiter in der Industrie zugunsten einer selbständigen Tätigkeit verabschiedete, erhielt ich auch ungefragt von manchem Kollegen entsprechende Mitteilungen. Zumeist war zu hören, dass sie, obwohl es ihnen in ihrem Job nicht mehr behagte, vom Alter und von ihren Verpflichtungen her nicht in der Lage seien, einen solchen Schritt zu tun, den ich, weil ich jünger war, riskieren konnte und zu dem sie mich beglückwünschten. (Von Astrologie war dabei allerdings nicht die Rede, denn ich stellte in meinen rein geschäftlichen Kontakten andere Projekte – die neben der Astrologie vorhanden waren – in den Vordergrund.)

Abgekürzte Deutung des Neumondhoroskops

Die Ballung von sechs Planeten, die in meinem Neumondhoroskop im neunten Haus stattfindet, ist im Hinblick auf mein oben wiedergegebenes Curriculum selbsterklärend und bedarf kaum weiterer Erläuterungen. Tatsächlich stellt das Haus des Karmischen Neumondhoroskops (KNH), in welchem der karmische Neumond (KN) steht, eines der wichtigsten Deutungselemente dar – umso mehr wenn, wie in meinem Fall, nicht nur der KN, sondern ganze sechs Planeten plus Lilith sich im neunten Haus befinden.

Nach dieser Betrachtung des Hauses, in welchem der KN steht, lautet die nächste Frage, welche wesentlichen Aspekte der karmische Neumond aufweist. Diese deuten wir nach Massgabe der Kategorie der involvierten Aspekte und ihrer Genauigkeit. In meinem Fall fällt auf, dass der KN in gradgenauer Konjunktion mit der Lilith und im Orb von 2 Grad in Konjunktion mit der Venus steht und als nächstwichtigsten Aspekt ein auf 4 Grad genaues Quadrat zum Pluto bildet. Diese Kombination erzeugt naheliegenderweise ein starkes Bedürfnis, im Bereich der Form (Venus und Stierzeichen) Tabula rasa (Lilith und Pluto) zu machen, um sich von veralteten Gewohnheiten und Anschauungen (neuntes Haus) zu trennen und etwas Neues auf gesicherter, selbst erarbeiteter Grundlage aufzubauen.

Das Bedürfnis, zumindest während der Lebensphase des Sammelns von Informationen als Beobachter durch die Welt zu gehen, schreibe ich dem Jungfrau-Aszendenten im KN-Horoskop zu, welcher durch den Radix-Mond (siehe *Fig. 1* auf S. 27) getriggert wird.

Warum mich Descartes schon früh nachhaltig beeinflusst hat

Ohne vom Thema ablenken zu wollen, mache ich bei der Niederschrift des Manuskriptes für dieses Buch eine interessante Entdeckung, über die ich an dieser Stelle gerne berichten möchte:

Das Horoskop von René Descartes *(Fig. 3)* hatte ich zwar schon früher einmal angeschaut, ohne jedoch zu bemerken, welch starke Bezüge es gerade zu den Stellungen meines KN-Horoskops aufweist. Dabei ist das in *Fig. 3* abgebildete Radixhoroskop René Descartes' zwar gemäss dem Vorschlag von Marc Penfield für 2.00 Uhr morgens erstellt, wegen grosser Unsicherheit bezüglich Geburtszeit aber ohne Häuser abgebildet. Auch so zeigt es jedoch die gleiche Venus/Lilith-

Fig. 3

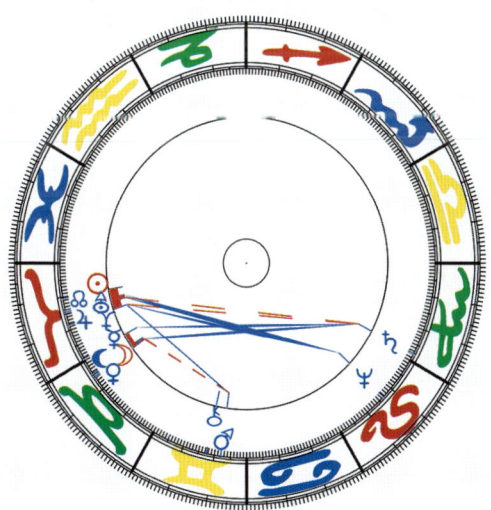

Konjunktion – für 2.00 Uhr sogar Konjunktion Mond –, wie ich sie habe, und praktisch gradgenau auf der gleichen Stelle des Tierkreises im Stierzeichen. Diese Ähnlichkeit macht es naheliegend, dass mich Descartes mit seiner Forderung, Tabula rasa zu machen, bevor man sich neues Wissen aneignet, in einem Masse angesprochen hat, dass es mir vorkam, wie wenn es sich dabei um etwas Eigenes handeln würde, das ich mir dementsprechend auch sehr zu Herzen nehmen konnte.

Es gibt in seinem Horoskop aber auch eine weitere Konstellation, aufgrund welcher er mir direkt aus dem Herzen sprach: In seinem Radix erkennt man wie in meinem eine gradgenaue Jupiter/Uranus-Konjunktion, die wie bei mir im Trigon zum Neptun steht, und schliesslich fehlt ihm wie mir jegliche Wasserbesetzung. Damit sind wir – mit einem Trigon zu Jupiter/Uranus – beide sehr empfänglich für Schwingungen des Neptun, dessen Ausdruck wir gerne mit einem kühnen Ausblick auf die Zukunft und der Antizipierung eines neuen Zeitalters verbinden. In dieser Kombination von Jupiter, Uranus und Neptun vereinigen sich nämlich Eingebungen und visionäre Impulse mit zukunftsgerichteten Betrachtungen, die auf das Entwerfen eines neuen Weltbildes ausmünden können.

Fig. 4

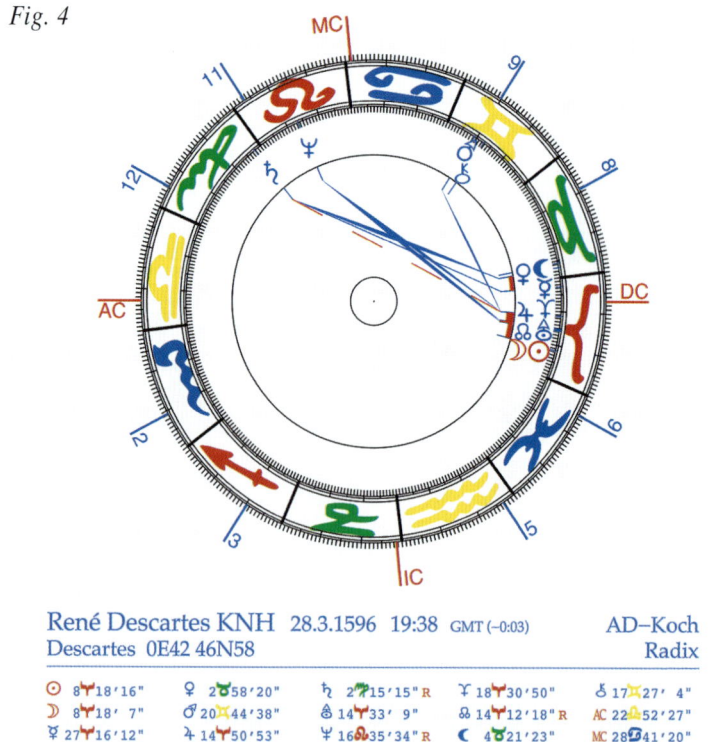

Dabei fällt mir im Weiteren auf, dass Descartes' karmischer Neumond, welcher gemäss in *Fig. 4* aufgezeichnetem KN-Horoskop in Konjunktion mit Jupiter und Uranus stattfindet, sich im sechsten Haus ereignet, in welchem es um methodisches und genaues Arbeiten geht, sodass es nicht verwundert, dass sein massgebliches Werk den nüchternen Titel «Discours de la méthode» trägt. Auch in diesem Fall erkennen wir ganz nebenbei, wie stimmig das Karmische Neumondhoroskop besonders in einem Fall sein kann, in welchem keine Geburtszeit vorliegt.

Nebenbei steht bei René Descartes der erste Neumond nach der Geburt, der 29–30 Tage nach dem karmischen Neumond stattfindet und den wir als «Familien-Neumond» bezeichnen (nicht abgebildet), in Konjunktion mit der Lilith auf 1 ½ Grad genau auf der gleichen Stelle wie mein in *Fig. 2* auf S. 29 abgebildeter karmischer Neumond. Auf diese Entsprechung, die mir ebenso neu ist wie die anderen weiter oben beschriebenen Übereinstimmungen, möchte ich an dieser Stelle aus Platzgründen nicht weiter eingehen. Diese Analogien zeigen aber auf eindrückliche Art, wie wir über Jahrhunderte hinweg uns geistig mit Menschen verbunden fühlen können, wenn deren Horoskop ähnliche Konstellationen aufweist wie jene des eigenen Geburtsbildes.

Die verschiedenen Schritte zur Deutung des karmischen Neumondes

Folgende Betrachtungsweise ist hilfreich, wenn man versucht, die Bedeutung des vorgeburtlichen Neumondes aus karmischer Sicht zu veranschaulichen: So kann man sich vorstellen, dass sich die Seele über den vorgeburtlichen (karmischen) Neumond das Jahr und den Monat aussucht, in welchem sie sich inkarnieren will. Dabei handelt es sich um eine Matrix, eine Grundkonstellation, aus welcher durch den Geburtsmoment (Geburtshoroskop) bestimmte Stellungen aktiviert und mit besonderer Energie besetzt werden.

Diese Sichtweise stellt das Geburtshoroskop in den Kontext einer Abfolge von Konstellationen, die mit dem Neumondhoroskop beginnt und auf die Radixkonstellation ausmündet. Nach der Wahl des Geburtsmonats wird durch das zum Neumond in Bezug gesetzte Geburtshoroskop sichtbar, welche Themen sich die sich inkarnierende Person aus den Monatskonstellationen des vorgeburtlichen Neumondes für ihr Leben, ihre Profilierung und ihre Selbstverwirklichung ausgesucht hat.

Für die praktische Arbeit wird das Karmische Neumondhoroskop und dessen Bezug zum Geburtshoroskop sinnvollerweise in den folgenden Schritten gedeutet, die am Beispiel des amerikanischen Präsidenten **Barack Obama** illustriert werden. Dabei empfiehlt sich eine Vorgehensweise, gemäss welcher zuerst analysiert wird, welche Ergänzungen der karmische Neumond zur Deutung des Geburtshoroskops beisteuert, bevor das Karmische Neumondhoroskop als solches untersucht wird.

A) Der karmische Neumond als Zusatzinformation zum Radixhoroskop

1. Steht der karmische Neumond im gleichen Zeichen wie die Sonne des Geburtshoroskops?

Wenn das Zeichen des Neumondes ein anderes ist als jenes der Radix-Sonne, stellt dies eine äusserst wichtige Information dar. Bei vielen Menschen löst diese Erkenntnis ein Aha-Erlebnis aus, denn sie spüren schon lange, dass sie nicht zu den typischen Repräsentanten ihres Sonnenzeichens zählen, sondern eine andere Komponente in ihrer Brust tragen, die eben über den vorgeburtlichen Neumond zum Ausdruck kommt. Im Falle von Barack Obama (*Fig. 5* und *Fig. 6* auf den nächsten beiden Seiten) ereignet sich der karmische Neumond im Krebszeichen *(Fig. 6),* während die Radix-Sonne im Löwezeichen steht *(Fig. 5).* Wir erkennen darin Obamas starke soziale Ader, die durch das Krebszeichen verkörpert wird, in Verbindung mit der Radix-Sonne im Löwezeichen jedoch eine markante politische Profilierung ermöglichte. Dies ebnete ihm in einer Krisensituation, in welcher die Menschen für neue Lösungsansätze offen waren, den Weg vom Sozialarbeiter zum Staatspräsidenten. Zu beachten ist dabei auch, dass die Kombination von Krebs und Löwe dazu befähigen kann, Geschichten zu erzählen, die das Herz erfreuen und die Emotionen der Menschen ansprechen.

2. Fällt der karmische Neumond ins gleiche Radixhaus wie die Sonne oder ins vorhergehende und bildet er wichtige Aspekte zu Radixstellungen?

Bei Barack Obama fördert die Frage nach der Häuserstellung des karmischen Neumondes keine wesentlichen neuen Informationen zutage. Der Neumond fällt, wie die Sonne, ins sechste Haus des Geburtshoroskops, womit in beiden Fällen eine dienstleistungs- und lösungsorientierte Haltung angezeigt ist. Allerdings sieht man, dass der karmische Neumond eine weite Opposition zum Saturn des Geburtshoroskops macht, was im Zusammenhang mit Themen des sechsten Hauses eine grosse Ernsthaftigkeit anzeigt.

B) Die Deutung des Karmischen Neumondhoroskops als solches

An diesem Punkt legen wir das Geburtshoroskop beiseite und konzentrieren uns ganz auf das Karmische Neumondhoroskop (KN-Horoskop). Im Normalfall haben wir es dabei mit völlig anderen Häusern (und teilweise auch Zeichenstellungen) zu tun als beim Radixhoro-

Fig. 5

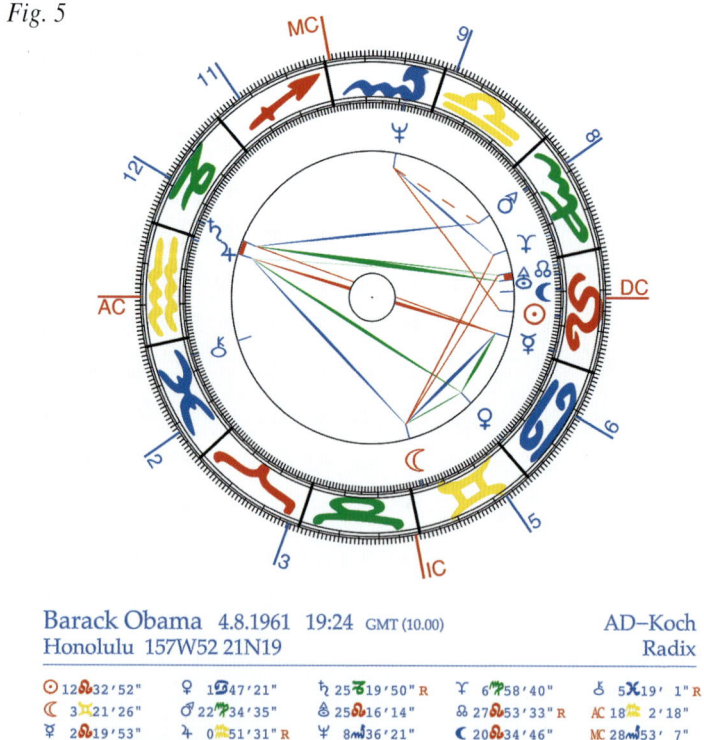

skop, und wir können dementsprechend neue Informationen erwarten. Die erste Frage dabei lautet:

1. Wo steht der Neumond im Karmischen Neumondhoroskop (Haus- und Zeichenstellung sowie wichtige Aspekte oder angereihte Figur)?

Im Falle von Barack Obama steht der karmische Neumond im elften Haus des KN-Horoskops *(Fig. 6)*, was in Kombination mit dem Krebszeichen den Drang auslösen kann, zu einer neuen, gerechteren und sozialeren Gesellschaft beizutragen. Aus dieser Perspektive kommt es nicht von ungefähr, dass er mit dem Slogan «Yes, we can» die Menschen dazu ermunterte, überholte Verhaltensweisen und alte Zöpfe abzuschneiden, um gemeinsam an einem neuen Gesellschaftsmodell zu arbeiten. Allerdings scheiterte er daran, dass ein grosser Teil der Bevölkerung dazu nicht bereit war und auch manche, die seine Ziele unterstützten, die Erwartung hegten, dass sich die Veränderungen schmerzlos und ohne eigene Opfer, wie aus magischer Hand gelenkt, einstellen. Eine gewisse Anfälligkeit für solche Entwicklungen besteht

Fig. 6

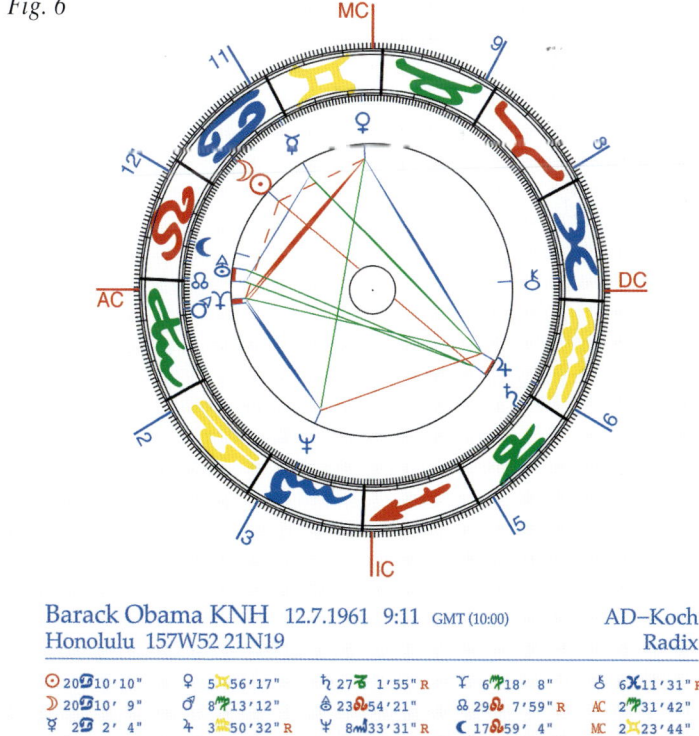

häufig, wenn man, wie Obama im Radixhoroskop, Neptun als höchstgestellten Planeten hat und dieser ein Quadrat zur Sonne macht.

Die Häuserstellung des Neumondes im KN-Horoskop ist in Kombination mit dem Zeichen, in welchem dieser steht, einer der zuverlässigsten Hinweise im Hinblick auf Motivationen, die uns in diesem Leben antreiben. Darüber, welche weiteren Energien wir im Verfolgen unserer Vorhaben mobilisieren können, geben die Aspekte des Neumondes zu anderen Planeten des KN-Horoskops Auskunft. Im Falle Barack Obamas handelt es sich um eine (weite) Opposition zum Saturn (7 Grad Orb) und zwei ziemlich genaue Halbquadrate zur Venus und zum Pluto (jeweils ca. 1 Grad Orb), mit der zusätzlichen Verstärkung, dass sich der Neumond in der Halbsumme von Venus und Pluto befindet. Diese Exaktheit und starke Verflechtung zwischen dem Neumond und einem Venus/Pluto-Quadrat mit angehängtem Mars im KN-Horoskop Obamas lässt die Venus/Pluto-Verbindung des Neumondes als noch wichtiger erscheinen als dessen Opposition zum Saturn. Diese Konstellation erklärt die Faszination und die verwandelnde Wirkung, die Obama, jedenfalls zu Beginn seiner Präsidentschaft, auf andere Menschen hatte und aufgrund welcher er andere in seinen Bann zog. Allerdings kann man mit Venus/Pluto auch stark polarisieren, weil andere sich von der Macht und dem Anspruch, der von einem ausgeht, fürchten. Beide Reaktionen gab es während Obamas zwei Präsidentschaftsperioden.

Mit einem starken Venus/Pluto-Aspekt – im vorliegenden Fall sogar einer Venus/Mars/Pluto-Verbindung – verkörpert das Motiv, in diesem Leben an einer Beziehung weiterarbeiten zu können, häufig ein wichtiger Grund, sich inkarniert zu haben. In Rückführungen werden mit solchen Stellungen in vielen Fällen Situationen erlebt, in denen man durch den Tod oder äussere Machteinwirkungen von einem geliebten Menschen getrennt wurde und in diesem Leben eine dadurch abgebrochene Beziehung wieder aufnehmen möchte. Bei der Beziehung zwischen Michelle und Barack Obama hat man durchaus den Eindruck, dass sie von einer solchen Entschlossenheit getragen wird. Dies muss zwar nicht heissen, dass ein solcher Aspekt langfristige Treue garantiert. Er kann zu Phasen Anlass geben, in denen man sich – wenn man sie noch nicht gefunden hat – auf der Suche nach der «absoluten» Beziehung befindet. Ebenso kann man unter dem Eindruck stehen, am Ziel angelangt zu sein und den «Seelenpartner» gefunden zu haben. Obamas Verhalten stellt jedenfalls einen willkommenen Kontrast zur frivolen Haltung früherer US-Präsidenten und Möchtegern-Präsidentschaftsanwärtern dar.

2. Gibt es im Neumondhoroskop Konstellationen, die im Radixhoroskop in dieser Form und Genauigkeit nicht vorkommen und solche, die durch Radixstellungen aktiviert werden?

Im KN-Horoskop von Barack Obama werden andere Aspektfiguren sichtbar als man sie im Radixhoroskop beobachten kann. Springt einem im Radix beispielsweise ein T-Quadrat zwischen Mond in Zwillinge, Pluto in Jungfrau und Chiron in Fische ins Auge und stellen wir den bedeutsamen Spannungsaspekt zwischen Merkur und Jupiter von Löwe zu Wassermann sowie das Quadrat zwischen Sonne in Löwe und Neptun in Skorpion fest, so fällt uns im KN-Horoskop vor allem das T-Quadrat zwischen Venus in Zwillinge am MC und Mars/Pluto am AC sowie Chiron am DC und ein Jupiter/Neptun-Quadrat von Wassermann zu Skorpion auf. So könnte man damit beginnen, diese neu beobachteten Figuren zu deuten, um Barack Obamas karmische Prägung zu verstehen.

Es zeigt sich aber, dass nicht nur die Figuren des Karmischen Neumondhoroskops von Interesse sind, sondern diesen ganz besondere Bedeutung zukommt, wenn sie zudem durch Radixstellungen aktiviert werden. Solchen Konstellationen wird erste Priorität eingeräumt, denn sie vermitteln ein Gefühl für die Themen, die über den Geburtsmoment aus dem Angebot des Neumondhoroskops vom Horoskopeigner ausgesucht wurden, um intensiv gelebt und erfahren zu werden. Nachdem man diese Prüfung vorgenommen hat, kann man dazu übergehen, andere Schwerpunkte im Karmischen Neumondhoroskop näher anzuschauen. Um besser erkennen zu können, welche Radixfaktoren als Auslöser für Themen des Neumondhoroskops wirken, empfiehlt es sich, im äusseren Kreis des KN-Horoskops persönliche Gestirne und Hauptachsen des Radixhoroskops einzuzeichnen.

Im Falle Barack Obamas sehen wir, dass die bereits oben erläuterte starke Aspektverbindung zwischen Venus, Mars/Pluto und Chiron an Hauptachsen des KN-Horoskops zusätzlich durch den Radix-Mond, der im Geburtshoroskop in der Nähe des IC steht, ausgelöst wird, indem dieser auf 3 Grad genau eine Konjunktion mit der Venus des KN-Horoskops macht. Dies potenziert die kraftvolle, weiter oben beschriebene Konstellation des Neumondhoroskops und bringt sie über den Radix-Mond in die Ebene der Sichtbarkeit.

Dies ist ein gutes Beispiel dafür, welche zusätzliche Deutungstiefe wir durch die Berücksichtigung des KN-Horoskops erreichen. Zwar war es kein Kunststück, darauf zu schliessen, dass Obama mit seinem Radix-Mond Anfang Zwillinge im Quadrat zum Pluto – eine Stellung die notabene in die Nähe des Deszendenten des US-Horoskops fällt – bei den Wählern intensive, aber auch stark polarisierende Gefühle auslösen würde. Erst durch die Hinterlegung des KN-Horoskops wird aber sichtbar, welche leidenschaftliche Energie dabei zum Ausdruck kommt und auf welche Weise das Paar Michelle und Barack Obama als Kontrastprogramm zum machohaft auftretenden Präsidentschaftsanwärter Donald Trump dem amerikanischen Volk zeigt, wie man aufrichtige und verbindliche Beziehungen in einem Klima von Gleichwertigkeit pflegen kann.

Ein weiteres interessantes Motiv, welches sich im KN-Horoskop Obamas erkennen lässt, ist das Quadrat zwischen Jupiter in Wassermann und Neptun in Skorpion – eine Konstellation, welche sowohl einen Glauben an Wunder und ein beinahe unerschütterliches Vertrauen im Hinblick auf zukünftige Möglichkeiten (Jupiter in Wassermann) auslösen kann, als auch Naivität und Täuschungsanfälligkeit. Diese Konstellation ist deshalb von besonderer Bedeutung, weil sie durch verschiedene Radixstellungen ausgelöst wird. So kommt der Radix-Merkur recht genau in die Opposition zum Jupiter zu liegen – praktisch im Mittelwert stehend zwischen dem Neumond-Jupiter und dem Radix-Jupiter –, während die Sonne in Löwe den Neptun über ein Quadrat aktiviert. Daraus entsteht ein T-Quadrat zwischen Merkur/Sonne, Neptun und Jupiter, eine recht potente Konstellation, um als Hoffnungsträger – vielleicht sogar Prophet und Messias – gewählt zu werden, der kreative Lösungen für bisherige Probleme verspricht.

Aus Platzgründen verzichte ich darauf, weitere Subtilitäten der Verbindungen zwischen Neumond und Radixhoroskop Obamas herauszuschälen, wie beispielsweise die Tatsache, dass nicht nur der Radix-Mond auf die KN-Venus in Zwillinge zu liegen kommt, die stark in Jupiter- und Achsenaspekte eingebunden ist, sondern auch die KN-Venus bis zur Geburt weiter fortschreitet, sodass sie im Moment der Geburt auf dem KN-Merkur im Krebszeichen zu stehen kommt, was eine faszinierende Verbindung zwischen Mond, Merkur, Venus und Jupiter schafft. Die nächste Frage, die jedoch unbedingt gestellt werden muss und volle Aufmerksamkeit erheischt, lautet:

3. In welchem Zeichen steht der Aszendent des Karmischen Neumondhoroskops und welche wichtigen Aspekte – und damit Herausforderungen und Unterstützungen – zu anderen Planeten erhält er?

Im Falle von Barack Obama steht der Aszendent im Jungfrauzeichen in Konjunktion mit Mars und Pluto, im Quadrat zur Venus, in Opposition zum Chiron, im Sextil zum Merkur sowie zum Neptun und im Quinkunx zum Jupiter. Eine solche Konstellation eignet sich, um in mühsamer Kleinarbeit und mit grosser Beharrlichkeit an langfristigen Projekten zu arbeiten, ohne sich entmutigen zu lassen. Das Augenmerk gilt dabei vor allem den Schwachen und Hilflosen, wobei mit Mars/Pluto in der Regel grosse Widerstände zu überwinden sind.

Bei der Deutung des Aszendenten des KN-Horoskops ist es zusätzlich von Interesse zu schauen, in welches Haus dieser im Radixhoroskop hinfällt und welche Aspekte er zu Radixplaneten bildet. Im Falle von Obama handelt es sich dabei um das siebte Haus. Dass im KN-Horoskop im siebten Haus Chiron als Herrscher des Aszendenten im Jungfrauzeichen steht und dieser ein Quadrat zur Venus am MC macht, unterstützt die soziale Ausrichtung, die den Präsidentschaftskandidaten prägt und sinnbildlich für die Energie steht, die er einsetzte, um seine Gesundheitsreform durchzubringen. Dass diese wegen Geldfragen beinahe gescheitert wäre und im Falle von knappen Kassen der nächsten Präsidentschaft gefährdet ist, entspricht einer weiteren Variante des Quadrates von Mars/Pluto am Aszendenten und Chiron am Deszendenten zur Venus am MC.

A) Der karmische Neumond im Radixhoroskop

Auch wenn ich die Betrachtungsweise bevorzuge, dass in karmischer Hinsicht das Neumondhoroskop die Matrix für diese Inkarnation darstellt, aus der wir uns aufgrund der Stellungen des Geburtshoroskops mit dem Geburtsmoment bestimmte Themen selektiv und individuell aussuchen, bin ich mir bewusst, dass viele Menschen von dieser Betrachtungsweise noch nichts gehört haben und sich bisher – auch zur Eruierung karmischer Themen – ausschliesslich am Geburtshoroskop orientieren. Um dieser Mehrheit der Leserinnen und Leser entgegenzukommen, biete ich in diesem Buch als Erstes eine Methode an, gemäss welcher sie sich weiterhin in erster Linie am Geburtshoroskop orientieren können, aber dennoch die Möglichkeit haben, von den Informationen des Karmischen Neumondhoroskops zu profitieren. Diesem Anliegen dienen die nächsten beiden Kapitel dieses Buches. Das Vorgehen wird grafisch dadurch unterstützt, dass man den karmischen Neumond gemäss seiner Zeichenstellung in den äusseren Kreis des Geburtshoroskops einzeichnet. So sieht man auf einen Blick, welche neuen Elemente er in die Radixdeutung einbringt. Zum Beispiel interessiert uns, ob er ins gleiche Zeichen fällt wie die Sonne im Radixhoroskop und ob dies auch für das Haus gilt oder der karmische Neumond das vorhergehende Zeichen oder Haus besetzt.

In den nächsten beiden Kapiteln werden für die verschiedenen Varianten, die auftreten können, Deutungsvorschläge angeboten. Für Aspekte des karmischen Neumondes zu Radixplaneten verweise ich auf das Kapitel «Karmischer Neumond: Die Kombination von Haus, Zeichen und Aspekten», in welchem für die Aspekte des karmischen Neumondes zu einzelnen Planeten im Neumondhoroskop Deutungen angeboten werden, die sinngemäss auch für Aspekte zu Radixplaneten verwendet werden können.

Karmischer Neumond im Einklang oder Zwiespalt mit dem Sonnenzeichen

Wer nach Vollmond und mit der Sonne in der ersten Hälfte eines Zeichens geboren wurde, hat alle Chancen, den karmischen Neumond in einem anderen Zeichen als jenem der Sonne zu haben. In diesem Fall entsteht eine Dualität, die bewirkt, dass man sich häufig nicht mit seinem Sonnenzeichen identifizieren kann. Dabei ist es so, wie wenn die vorgeburtliche karmische Motivation in eine andere Richtung weist als der durch die Sonne verkörperte Lebensantrieb und Selbstverwirklichungswille. Im positiven Fall entsteht aus diesem Zwiespalt eine grössere Differenziertheit und Vielfältigkeit, indem die betreffende Person über eine reichere Auswahl an alternativen Verwirklichungsmöglichkeiten verfügt. Es kann aber auch sein, dass der Konflikt zwischen den beiden Zeichen zu einer schwer aufzulösenden Dualität Anlass gibt, die zu einer zögernden Haltung führt. Dies hat unter anderem damit zu tun, dass die einander im Tierkreis folgenden Zeichen sehr unterschiedliche Qualitäten verkörpern. Wie verschieden die dabei entstehenden Variationen sein können, zeigen die folgenden Kombinationen:

Sonne und Neumond in Widder

Diese Konstellation vermittelt ein feuriges Temperament, Begeisterungsfähigkeit, Spontaneität und Durchsetzungskraft. Damit ist eine Kämpfernatur gekennzeichnet, die immer wieder neue Herausforderungen braucht um sich zu beweisen und mit anderen zu messen. Falls die vorhandene Spontaneität und Dynamik sich mit Selbstdisziplin paart, kann ein eigenständiger Weg eingeschlagen werden, im Rahmen welchen die Verantwortung für die eigenen Entscheidungen übernommen wird. Im steten Kontakt mit den eigenen Motivationen zu sein ermöglicht es auch immer wieder, Neuland zu betreten und einen Neuanfang zu wagen.

Beispiele

Gute Beispiele für die Ausdrucksweise dieser Konstellation geben die Horoskope der Politiker Helmut Kohl, Gerhard Schröder und Joschka Fischer ab. Auch der Regisseur und Schauspieler Charlie Chaplin ist, ebenso wie Jean Paul Belmondo, ein gutes Exempel für die Wirkungsweise der doppelten Widderenergie. Diese scheint auch Schauspielerinnen den erforderlichen Antrieb zu verleihen, um sich mutig und unbeirrt gemäss ihrem Weg durchzusetzen, wie die jungen Karrieren von Emma Watson und Kristen Stewart zeigen.

Sonne in Widder mit Neumond in Fische

Bei dieser Konstellation kommt es zu einem Widerspruch zwischen dem ungeduldigen, ungestümen und energiegeladenen Widderzeichen, in welchem die Sonne steht, welches dazu neigt, seinen Ärger wie auch seine Begeisterung direkt und unverblümt zum Ausdruck zu bringen und dem feinfühligen, einfühlsamen Fischezeichen, in welchem sich der Neumond befindet. So führt diese Kombination häufig dazu, dass man sich in den Beschreibungen zur Widdersonne nicht wiedererkennt, besonders wenn es heisst, man sei egoistisch, rücksichtslos und aggressiv. Viel eher sieht man sich selbst nämlich als Idealisten, der sich durch Sensibilität, Hilfsbereitschaft und Mitgefühl auszeichnet. Dies bewirkt, dass man sich nicht immer so durchsetzen kann, wie man es möchte, aber man läuft auch weniger Gefahr, sich selbst und das eigene Ego übermässig ernst zu nehmen.

Im positiven Fall befähigt diese Verbindung dazu Träume, Ideale und Sehnsüchte als Inspiration zu nutzen, um sie mit Hilfe der Widderenergie aktiv und sozialtauglich zum Ausdruck zu bringen. Eingebungen und Inspirationen, die aus den Tiefen des Unbewussten aufsteigen, können Anlass zu Pionierleistungen sein, die mit Enthusiasmus angegangen werden. Man kann sich mit dieser Konstellation aber auch aufgrund des vorhandenen Einfühlungsvermögens für Schwächere einsetzen oder sich im Bereich von Hilfe- oder Dienstleistungen profilieren.

Beispiele

Reichskanzler Otto von Bismarck ist ein gutes Beispiel für die Verbindung zwischen harter, systematischer Durchsetzung («Der eiserne Kanzler») und der Fähigkeit, die anderen für sich einzunehmen. So stellt die Schaffung des deutschen Sozialversicherungssystems bereits in den 1880er-Jahren eine einmalige Pionierleistung dar und wird zum wichtigen Pfeiler des Sozialstaats (gesetzliche Kranken-, Unfall- und Rentenversicherung). Dabei schmälert die Tatsache, dass Bismarck als Stratege damit den Sozialisten das Wasser abgraben wollte, dessen Pionierleistung in keiner Weise. [11] Moderne Beispiele stellen häufig

Karrieren dar, die Musik, Gesang und Film verbinden wie jene des neuseeländisch-australischen Filmschauspielers, Filmregisseurs und Filmproduzenten sowie Musikers Russell Crowe oder der amerikanischen Sängerin und Filmschauspielerin Mariah Carey. Auch der Charakterdarsteller Marlon Brando verfügt mit dem Neumond im Fischezeichen über die erforderliche Differenziertheit, um nicht nur Heldenrollen zu spielen, wie man sie vom Widderzeichen erwarten könnte, sondern auch solche, die mit undurchsichtigen Machenschaften verknüpft sind («Der Pate»).

Sonne und Neumond in Stier

Die Kombination von Sonne und Neumond im Stierzeichen vermittelt ein eher ruhiges Temperament, bei welchem Sinnlichkeit und Pragmatismus vorherrschen. Damit liegt der Akzent auf Sicherheit, Beständigkeit und Treue und die Erhaltung des Vertrauten steht im Vordergrund. Man stützt sich gerne auf sichere Beziehungen ab und legt Wert darauf, sich etwas leisten und gönnen zu können, ein Drang, welcher dafür sorgt, dass Tendenzen zur Bequemlichkeit überwunden werden. Am überzeugendsten kommt diese Kombination zum Ausdruck, wenn es gelingt, die eigenen Talente und Begabungen nutzbringend einzusetzen, um sich etwas aufzubauen. Eine wichtige Qualität stellt dabei die Fähigkeit dar, mit Geduld und Beharrlichkeit darauf warten zu können, bis die Ernte dessen, was man vorbereitet hat und erwartet, eingefahren werden kann.

Beispiele

Mit der Sonne und dem karmischen Neumond im Stierzeichen, letzterer zugleich in Konjunktion mit Uranus, profilierte sich Sigmund Freud als Erforscher der Libido, die er zum obersten Prinzip unbewusster Antriebe des Menschen erhob. Mit dem Neumond Opposition Saturn, gefolgt von Sonne Opposition Uranus im Radixhoroskop, rief hingegen J. Krishnamurti dazu auf, sich von alten Gewohnheiten zu verabschieden und sich nicht von «organisierten Religionen» vereinnahmen zu lassen. Auch bei Mark Zuckerberg steht der karmische Neumond in Opposition zum Saturn und er nimmt uns – je nach Sichtweise – mit auf eine Reise zu neuen Erkenntnissen und/oder Abhängigkeiten. In der Türkei ist die Verbindung zu alten Kulturen aus dem Stierzeitalter gross, ebenso die Neigung an Altem festzuhalten. Die Tatsache, dass die Horoskope sowohl des Gründers der modernen Türkei, Kemal Atatürk, als auch des Predigers Fethullah Gülen, den

Recep Erdogan zum Erzfeind erklärt hat, Sonne und karmischer Neumond zusammen mit einer Ballung anderer Planeten im Stierzeichen aufweisen, könnte ein Hinweis sein, dass Erdogans Mühen, das Erbe Gülens auszumerzen, längere Zeit in Anspruch nehmen könnte. Zu den versöhnlicheren und sehr sinnlichen weiblichen Entsprechungen dieser Stier-Doppelkonstellation gehören andererseits die Schauspielerinnen Penélope Cruz und Megan Fox.

Sonne in Stier mit Neumond in Widder

In dieser Kombination kommt Bewegung in die festgefahrenen Stiermuster, welche die Geburtssonne in diesem Zeichen verkörpert. Dies verleiht dieser Stellung ein hitziges, streitbares Temperament. Der Eroberungsdrang des Widderneumondes kann in Verbindung mit der Stiersonne auch zu einer ausgeprägten Sammel- und Jagdleidenschaft führen. Kampfgeist, Durchsetzungsvermögen und Entschlossenheit machen spontaner und erhöhen die Kontaktfreudigkeit der Stier-Sonne, wodurch die Gefahr, stehen zu bleiben und auf der Stelle zu treten, in den Hintergrund tritt. Die Kombination kann sich auch dergestalt auswirken, dass dem Durchsetzungsdrang des Widderneumondes, entsprechend der Sonne im Stierzeichen, die Bewirtschaftung des Eroberten folgt, sodass jenes, welches zum eigenen Kapital geschlagen wurde, integriert werden kann.

Beispiele

Leonardo da Vinci vereinigt mit seiner enormen Schaffenskraft, seiner Kreativität, seiner Leidenschaft und seinem Dranbleiben die bestmögliche Kombination zwischen einem Neumond in Widder und der Sonne im Stierzeichen. Etwas von dieser Begeisterung mag man auch bei Che Guevara oder Salvador Dalí gespürt haben, die als Legenden in die Annalen eingingen. Archaische Komponenten spürt man im Weiteren bei der im Stierzeichen geborenen Schauspielerin Uma Thurman, wenn man an den Film «Kill Bill» denkt, und diese fordernde und draufgängerische Qualität ist auch beim Fussballer David Beckham und beim Schauspieler Jack Nicholson erkennbar, während die Konjunktion des Neumondes in Widder mit der Venus bei George Clooney jenes Charisma erzeugt, welches entsteht, wenn beide Libido-Planeten im Spiel sind. Schliesslich liefern Saddam Hussein und Adolf Hitler negative Beispiele der Kombination von Neumond im Widderzeichen mit der Sonne im Stierzeichen in Form aggressiver Landnahme, der die Unterwerfung des Eroberten folgt. Wie entscheidend das Niveau für die Art der konkreten Ausgestaltung einer Konstellation ist, zeigt die Tatsache, dass der im selben Monat und Jahr wie Saddam Hussein geborene Jack Nicholson mit – ausser der Häuserstellung – dem gleichen karmischen Neumond aus den aktivierten Energien etwas völlig anderes gemacht hat.

Sonne und Neumond in Zwillinge
Diese doppelte Zwillingestellung legt Kommunikationsfreude und spontanen, offenen Austausch nahe. Damit ist ein vielseitiger, neugieriger Mensch angezeigt, der dauernd frische Impulse und viel Abwechslung braucht. Gross ist dabei die Neigung, mit der ganzen Welt vernetzt zu sein und möglichst lange möglichst viel offen zu lassen, ohne sich unnötig festzulegen. Man kann mit einer solchen Konstellation zu Unbeständigkeit neigen, aber darin liegt auch die Stärke einer grossen Flexibilität. Umso grösser ist das Talent zu vermitteln, zu vergleichen, zu verhandeln und eine grosse Zahl von Kontakten zu pflegen. Das Vorhandensein einer Aufgabe, im Rahmen welcher die intellektuellen und kommunikativen Fähigkeiten gebündelt zum Tragen kommen, verhilft zur Konzentration und wirkt einer Verzettelung entgegen.

Beispiele
Sonne und Neumond im Zwillingezeichen haben die folgenden Persönlichkeiten: Der chinesische Staatschef Xi Jinping, die Schauspieler Johnny Depp, Nicole Kidman und Natalie Portman. Im Weiteren finden wir diese Stellung bei Heidi Klum, Model und Fernsehproduzentin, Roger Schawinski, Schweizer Journalist und Medienunternehmer und Donald Trump, Unternehmer, Produzent und Schauspieler von Reality-TV-Shows und amerikanischer Präsident ab 2017.

Sonne in Zwillinge mit Neumond in Stier
Bei dieser Kombination werden die grosse Neugier und die ausgeprägten kommunikativen Fähigkeiten der Zwillinge-Sonne aufgrund des Neumondes im Stierzeichen durch Beharrlichkeit und eine sinnliche Ausstrahlung ergänzt. In Kombination mit der wechselhaften Zwillinge-Sonne befähigt dies dazu, die schönen Dinge, die man aufgrund der Neugierde des Zwillingezeichens ausgekundschaftet hat, näher an sich heranzulassen, sie zu überprüfen und so zu bewirtschaften, dass sie sich im passenden Fall zum eigenen Besitz schlagen lassen.

Aus dem Fundus des vorgeburtlichen Neumondes im Stierzeichen schöpft man die Kraft, konkrete Werte zu schaffen, die ein Gefühl von Sicherheit vermitteln. Auch wird die Fähigkeit zum Austausch durch persönliche Wärme und Bezogenheit ergänzt, was auf andere Menschen sehr anziehend wirkt. So kann diese Kombination mit einem guten Sinn für das Nützliche und für lohnende geschäftliche Transaktionen verbunden sein. Es wird nicht nur diskutiert, sondern es folgen den Worten auch Taten, zumindest wenn es gelingt, den Stierpol harmonisch mit den Anliegen der Zwillingesonne zu verbinden.

Beispiele

Angelina Jolie, J. F. Kennedy und Marilyn Monroe sind gute Beispiele für die Eloquenz des Ausdrucks und die kommunikativen Fähigkeiten, die sich mit einer charismatischen und magnetischen Ausstrahlung verbinden. (Bei Monroe im Beispiel ihrer Ehe mit dem berühmten Schriftsteller Arthur Miller teilweise auch in der Projektion gelebt.) Dies gilt auch für die Schauspielerin Julie Gayet, deren Beziehung mit dem französischen Präsidenten François Hollande vor einiger Zeit Schlagzeilen machte. Die Fähigkeit, sich über das Wort, die Stimme, die Musik oder die Dichtung in Szene zu setzen und durch sinnliche Ausstrahlung Anklang zu finden, beobachten wir beim Songwriter, Musikproduzenten und Modeschöpfer Kanye West, beim verstorbenen Sänger und Musiker Prince und beim Dichter und Sänger Bob Dylan. Auch der Tennischampion Rafael Nadal scheint von der Kombination des wendigen, Ballspiele fördernden Zwillingezeichens mit der Konstanz und Beharrlichkeit des Stierzeichens zu profitieren.

Sonne und Neumond in Krebs

Mit Sonne und Neumond im Krebszeichen dominieren Qualitäten von Emotionalität, Familiensinn, Hilfsbereitschaft und Fantasie. Aufgrund einer romantischen und sensiblen Veranlagung braucht man ein Gefühl von Geborgenheit und ein behagliches Zuhause, um sich wohl zu fühlen. Gleichzeitig besteht eine starke Verbindung zu Nahestehenden und Anvertrauten, mit welchen ein nährender Gefühlsaustausch gepflegt wird. In einem Klima des Angenommenseins zeigt sich diese Kombination auch von einer recht spontanen und geselligen Seite. Gefühle werden sehr direkt und unmittelbar zum Ausdruck gebracht, was allerdings eine gewisse Subjektivität und Launenhaftigkeit mit sich bringen kann. Durch ein ausgewogenes Verhältnis zwischen Beteiligung, Aktivität und Rückzug fühlt man sich im Lot.

Beispiele

Angela Merkel, George W. Bush, Lady Diana, Nelson Mandela und Dalai Lama: Diesen Menschen ist gemeinsam, dass sie entweder auf universelle Art das Herz der Menschen berühr(t)en oder zumindest in besonderer Verbundenheit mit dem eigenen Volk stehen – ein Thema, welches trotz bescheidenen Leistungsausweises George W. Bush zur Wahl zum US-Präsidenten verhalf. Weitere Entsprechungen für diese Kombination finden wir beim deutsch-brasilianischen Model Gisele Bündchen und bei den US-Schauspielern Tom Cruise und Tom Hanks.

Sonne in Krebs mit Neumond in Zwillinge

Auch in diesem Fall ist aufgrund der Sonne im Krebszeichen ein ausgeprägtes Bedürfnis nach Zuwendung und emotionaler Sicherheit vorhanden. Das Zuhause bedeutet einem viel, denn dies ist der Ort, an dem man Energien tankt, bevor man sich der Aussenwelt stellt. Als Familienmensch knüpft man nicht nur Zuhause, sondern auch im Aussen Bande mit Personen, denen man sich gefühlsmässig verbunden fühlt und die man aufgrund der von Gefühlen geprägten, bilderreichen Sprache sehr direkt und persönlich ansprechen kann.

Aufgrund des Neumondes im Zwillingezeichen besteht aber auch eine sehr ausgeprägte intellektuelle Fähigkeit, mit Worten umzugehen, indem man in der Lage ist mit Begriffen zu hantieren, ohne gleichzeitig von den damit verbundenen Emotionen überwältigt zu werden. So verbindet sich im positiven Fall der Gefühlsfundus, zu welchem die Sonne im Krebszeichen Zugang verschafft, mit einer ausgeprägten Fähigkeit, über sich und über andere nachzudenken, die eigenen inneren Bilder über Worte zum Ausdruck zu bringen und mit anderen auszutauschen.

Der Neumond in Zwillinge vermittelt die Fähigkeit, die Geschehnisse nicht immer persönlich zu nehmen, sondern ins rechte Licht zu rücken und zu relativieren. Als Resultat kann man mit viel Interesse und Neugier auf Situationen zugehen, die das Leben spontan anbietet. Dies schafft optimale Voraussetzungen, um durch Erkenntnisprozesse in der eigenen Entwicklung voranzukommen und vermittelt eine grosse Offenheit für die verschiedenen Facetten des Lebens. Ein feines psychologisches Gespür für die Mitmenschen verbindet sich mit der Fähigkeit, in grossen Zusammenhängen zu denken und die eigenen

Ideen situationsgerecht ins Spiel zu bringen, sodass sie von anderen verstanden werden. Im Bereich des Sports kann diese Kombination Fähigkeiten zum Mannschaftsspiel vermitteln, welche sich mit dem blitzschnellen Erfassen der Situation und grosser Geschicklichkeit im Umgang mit dem Ball verbinden.

Beispiele

Während im Horoskop der USA die Sonne im Krebszeichen steht, fällt der Neumond ins Zwillingezeichen, womit die beiden Pfeiler der amerikanischen Gesellschaft, Familie und geschäftlicher Erfolg (Jupiter steht in Konjunktion mit dem Neumond) gekennzeichnet sind. Aufgrund ihres karmischen Neumondes im Zwillingezeichen hat die mit Sonne in Krebs geborene Sterbeforscherin Elisabeth Kübler-Ross eine grosse Gewandtheit entwickelt, ihre tiefgründigen Erkenntnisse schriftstellerisch zu verarbeiten. Von seiner Mutter Diana hat Prinz William die Krebssonne und den Neumond in Zwillinge «geerbt», und dies ist vielleicht ein Hinweis auf die Fähigkeit, vieles nicht zu persönlich zu nehmen – eine Hilfe, wenn man ein öffentliches Amt ausübt. Auch Schauspieler profitieren von der Kombination zwischen Fühlen und Denken, wenn sie Charakterrollen spielen und die amerikanische Filmschauspielerin Meryl Streep ist für diese Fähigkeit ebenso ein Exempel wie die französische Schauspielerin Isabelle Adjani. Die Fähigkeit, im Mannschaftsspiel Fussball geschickt und mit grosser Wendigkeit mit dem Ball umzugehen, dokumentieren im Weiteren die beiden Champions Lionel Messi und Zinédine Zidane, beide mit der Sonne in Krebs und dem karmischen Neumond im Zwillingezeichen.

Sonne und Neumond in Löwe

Die Doppelbesetzung von Sonne und Neumond im Löwezeichen vermittelt Lebensfreude und Grosszügigkeit ebenso wie einen starken Drang nach Selbstverwirklichung. Es ist mit dieser Stellung wichtig, dass man aufgrund der eigenen Fähigkeiten einen besonderen Platz im Mittelpunkt des Geschehens einnehmen kann. So sollte das Leben auch nicht zu trivial ausfallen, sondern einen gewissen Glanz beinhalten. Die Herzlichkeit und Spontaneität, die von einem ausgeht, verhilft meist dazu, sich das gewünschte Umfeld zu schaffen, in welchem man eine Führungsrolle einnehmen und aus dem Vollen schöpfen kann. Um die grossen Würfe, die man anstrebt, auch realisieren zu können, ist es nützlich, sich durch Disziplin und Aneignung besonderer Fertigkeiten einen entsprechenden Freiheitsgrad zu sichern, was am besten gelingt, wenn man mehr zu leisten in der Lage ist, als man selbst beansprucht. Hilfreich ist es auch, sich auf das Wesentliche zu konzentrieren und nicht dem Schein vergänglicher Irrlichter nachzujagen.

Beispiele

Die folgenden Beispiele zeigen allesamt überdurchschnittliche Profilierungen, die aber auch von einem grossen Anspruch auf Beachtung und Selbstbestätigung begleitet sind: Die früheren Staatschefs Bill Clinton und Deng Xiao Ping und in geringerem Ausmass auch der französische Präsident François Hollande, der mehr durch Beziehungsgeschichten glänzte als durch staatsmännisches Format. Auch das zur Schau getragene Ego der Sänger und Musiker Mick Jagger und Madonna fristet kein Mauerblümchendasein. Diskreter und reifer kommt die Ich-Darstellung beim Schauspieler Robert Redford und beim Tennischampion Roger Federer zum Ausdruck. Eine besondere Unternehmungslust, welche auf einen – insbesondere für eine Frau des 19. Jahrhunderts – beachtlichen eigenwilligen und kreativen Werdegang ausmündete, beobachten wir bei der Theosophin Helena Blavatsky, mit einer Konstellation, die nicht nur durch den Neumond im Löwezeichen, sondern auch durch dessen Opposition zu Uranus und Jupiter charakterisiert wird.

Sonne in Löwe mit Neumond in Krebs

Bei dieser Kombination vermischt sich die Grosszügigkeit und Warmherzigkeit der Sonne in Löwe mit einem starken Wunsch nach Zugehörigkeit und dem Bedürfnis, in einer nährenden Umgebung und Gemeinschaft eingebettet zu sein. Diese Neumondstellung verstärkt die spielerische, kreative und fantasievolle Seite, die das Löwezeichen vermittelt und steuert emotionale, mitfühlende Qualitäten bei. Statt den Akzent darauf zu legen, sich im eigenen Glanz zu sonnen, werden Qualitäten von Fürsorglichkeit und sozialem Bewusstsein wichtiger. Introvertierter und verletzlicher, wird das Selbstbewusstsein in stärkerem Masse von Stimmungen und Gefühlen beeinflusst, sodass man vertraute Nähe im zeitweiligen Rückzug ins Private sucht, wobei man sich ein Zuhause wünscht, in welchem nährende Zuwendung und Geborgenheit zu haben sind. Damit tritt die Gefahr in den Hintergrund, dass das Interesse primär um die eigene Rolle kreist und Liebschaften der eigenen Selbstbestätigung dienen. Im besten Fall kann man mit dieser Konstellation sowohl als starke und gefestigte Persönlichkeit mit Führungsanspruch auftreten, als auch mit Empathie für andere da sein. Diese Kombination hebt die Welt der Gefühle und Emotionen auf die grosse Bühne des Lebens, und dies hilft insbesondere Frauen, sich zu verwirklichen, indem sie nicht unter dem Druck stehen, dies um jeden Preis auf männliche Art tun zu müssen.

Beispiele

Die Kombination von Herz und Bauch, die in dieser Verbindung zum Ausdruck kommt, begünstigt ganz allgemein schauspielerische und selbstdarstellerische Berufe. So finden wir mit Charlize Theron, Sandra Bullock, Arnold Schwarzenegger und Halle Berry eine Häufung von Schauspielern. Es gibt aber auch Psychologen oder Politiker mit starker Verwurzelung im sozialen Bereich, wie C.G. Jung oder Barack Obama. Letzterer zeichnete sich in der Rolle des Präsidentschaftsanwärters und US-Präsidenten dadurch aus, dass er die Zuschauer und Zuhörer mit seinen Reden auch auf der Gefühlsebene inspirieren und begeistern konnte. Jacqueline Kennedy allerdings musste sich – mit Sonne im Löwezeichen und dem Neumond in Krebs – vor allem auf das Repräsentieren beschränken, während sie ihrem Mann John F. Kennedy die Hauptrolle überliess.

Sonne und Neumond in Jungfrau

Sonne und Neumond im Jungfrauzeichen korrelieren mit einem starken Absicherungsbedürfnis gegen die Unwägbarkeiten des Lebens. Dies gelingt, indem Situationen systematisch analysiert werden, was eine sorgfältige Zukunftsplanung möglich macht. Gleichzeitig ist man sehr darum bemüht, die eigenen Fertigkeiten zu verbessern und Fehler auszubügeln. Dies alles geht mit einem sparsamen Einsatz der Mittel einher, peinlich darauf bedacht, sich nicht zu überschätzen und keine Risiken einzugehen. Die Übertragung der eigenen Perfektionsideale auf andere Menschen kann allerdings eine Neigung zur Kritik und Nörgelei erzeugen, was aber wiederum durch Hilfsbereitschaft wettgemacht wird. Bei aller Nüchternheit des Ausdrucks befähigt diese Stellung dazu, die Arbeit die man verrichtet nach klaren Prinzipien zu organisieren und einzuteilen und diese im Geist eines Dienstes an der Sache zu verrichten.

Beispiele

Sparsamkeit im Einsatz der Mittel und für die Zukunft vorsorgen ist meist ein guter Weg, um nicht nur Not zu vermeiden, sondern auch

Wohlstand aufzubauen. Dieses Prinzip hat die Schweiz schon früh verinnerlicht, was nicht erstaunt, wenn man sieht, dass im Staatshoroskop Sonne und Neumond im Jungfrauzeichen stehen, wobei sich der Neumond in Konjunktion mit Merkur und in Opposition zum Neptun befindet. Eine verdächtig ähnliche Stellung finden wir interessanterweise auch bei einem der reichsten Männer der Welt, dem sparsamen und bescheidenen Grossinvestor Warren Buffet: Neben der Sonne steht der Neumond in Jungfrau und in Konjunktion mit Neptun. Als gut organisierte Künstler und Darbieter charakterisiert diese Kombination auch die Sängerin Beyoncé Knowles und die Schauspieler Sean Connery sowie Richard Gere.

Sonne in Jungfrau mit Neumond in Löwe

Während die Sonne in Jungfrau Vorsicht, Tüchtigkeit, Verlässlichkeit, Ordentlichkeit und Anpassungsfähigkeit vermittelt, was dazu veranlasst praktische Fähigkeiten zu entwickeln, fördert der Neumond in Löwe die eigene Selbstverwirklichung und das Entwerfen grosser Pläne, über welche man Wichtiges bewegen und im Rampenlicht stehen kann. Dieses Nebeneinander von sehr unterschiedlichen Eigenschaften kann über verschiedene Lebensphasen, solchen der Grosszügigkeit und dann wieder der Sparsamkeit zum Ausdruck kommen. Im positiven Fall verbinden sich diese Eigenschaften zu einer Persönlichkeit, die sowohl dienen als auch herrschen kann, die zurückhaltend, empfindsam und sozial ist, aber auch den Mut hat, aus sich herauszugehen und sich ins rechte Licht zu rücken.

Beispiele

Ein gutes Beispiel der Kombination dieser Fähigkeiten hat im Jahre 2016 der demokratische Präsidentschaftskandidat Bernie Sanders abgegeben, und er hat damit bei den Wählern grossen Anklang gefunden. Neben der Sonne in Jungfrau steht bei ihm der karmische Neumond im Löwezeichen, in Konjunktion mit Merkur und im Quadrat zu Saturn und Uranus. Diese Kombination von Bescheidenheit, gepaart mit Unternehmergeist und reformerischen Ideen, stiess auf grosse Begeisterung. Eine ähnliche Konstellation beobachten wir bei Johann Wolfgang Goethe, mit dem karmischen Neumond im Löwezeichen, Opposition Uranus und Quadrat Saturn: Ein scharfer Blick für grosse Zusammenhänge kombiniert mit disziplinierter Schaffenskraft. Durch gute Organisation zeichnen sich mit den gleichen Stellungen auch die Schauspieler Hugh Grant und Selma Hayek aus. Man kann im Weiteren annehmen, dass die gewaltige Unternehmungslust und Lebensenergie, die Mutter Teresa zeigte, nicht nur mit ihrer Jungfrausonne in Zusammenhang stand, sondern aus dem reichen Fundus des karmischen Neumonds im Löwezeichen genährt wurde (siehe *Fig. 27* auf S. 115).

Sonne und Neumond in Waage

Mit Sonne und Neumond in Waage herrschen Qualitäten von Friedfertigkeit, Du-Bezogenheit und Schönheitssinn vor. Man geht nicht gerne alleine durchs Leben und in einer Beziehung zu stehen ist die erste Wahl, auch wenn man sich dabei nicht einengen oder vereinnahmen lassen möchte. Dennoch wird das Gemeinsame und Verbindende oft über das Eigene gestellt und man gibt lieber nach, damit es nicht zu einem Streit kommt, der das eigene Bedürfnis nach Ausgleich und Harmonie stören würde. Freundlichkeit, Höflichkeit, Taktgefühl und gutes Benehmen sind damit natürliche Qualitäten, zumindest wenn man nicht zum rebellischen Waagetyp gehört. Allerdings sollte man darauf achten, wichtige Entscheidungen nicht aufzuschieben und sich nicht zu einem Lebensweg verleiten zu lassen, der einem nicht entspricht, weil man es allen recht machen möchte und niemanden enttäuschen will. Wie bereits erwähnt gibt es aber auch den rebellischen Waagetyp, der dadurch Aufmerksamkeit findet, dass er zum Störfaktor wird, den andere zu besänftigen versuchen, damit er nicht ihre Projekte durchkreuzt.

Beispiele

Wie zu erwarten führt die doppelte Waage-Betonung häufig zu Berufen, die mit Schönheit, Luxus, Musik oder Kunst zu tun haben. So finden wir mit dieser Stellung Filmschauspielerinnen, die zu Legenden wurden wie Romy Schneider oder Catherine Deneuve. Zu den Sängern und Musikern gehören John Lennon, Sting und die kanadische Sängerin und Musikerin Avril Lavigne, während sich die TV- und Social-Media-Selbstdarstellerin Kim Kardashian mit ihren Dauerauftritten in den Medien im seichten Bereich der Waage-Entsprechungen bewegt. Zu den Rebellen gehört mit dem Waage-Neumond in Opposition zu Lilith, der Unternehmer und langjährige Chef der rechtsgerichteten Schweizer Volkspartei (SVP), Christoph Blocher, der es immer wieder versteht, sich als Volkstribun zu inszenieren und durch Attacken auf die Regierung, gerade bei frustrierten Wählern, Anklang zu finden.

Sonne in Waage mit Neumond in Jungfrau

Die Kombination zwischen Waage-Sonne und Neumond im Jungfrauzeichen kann jemanden kennzeichnen, der ein überdurchschnittliches Bedürfnis nach Ordnung und Harmonie hat und bereit ist, dafür viel zu arbeiten. Die Vision gilt dabei häufig einem Gesellschaftsmodell, welches auf Gerechtigkeit und ökologischen Prinzipien aufgebaut ist. Es ist aber auch möglich, dass die Begeisterung sich auf ein System von «Law and Order» richtet, in welchem alles an seinem Platz ist und die lähmende Unentschiedenheit, zu der das Waagezeichen tendiert, dadurch überwunden wird, dass klare hierarchische Strukturen herrschen, im Rahmen welcher jemand sagt, wo es langgeht. Ganz allgemein vermittelt diese Konstellation aber meist Pragmatismus und scharfe analytische Beobachtungsgabe. Auch wenn es einem wichtig ist gut mit anderen auszukommen, hält man mit der eigenen Kritik nicht hinter dem Berg und lässt sich nicht so schnell von einer anmutigen Fassade blenden. Der Neumond in Jungfrau trägt dazu bei, dass nicht zu viele Kompromisse zugunsten der eigenen Bequemlichkeit eingegangen werden. Ein ausgeprägter Realismus in den Dingen des Alltags hilft zu entscheiden, mit wem man sich arrangiert und zu wem man Distanz hält. Anstrengungen, um etwas zu erreichen, sind wichtig und man weiss, dass es Sorgfalt und Fleiss braucht, um sich auf einen Zustand der Ausgewogenheit und Harmonie zuzubewegen.

Beispiele

Unter dieser Kombination kommen viele Beispiele von autoritären Politikern zusammen: Britanniens «Eiserne Lady» Margaret Thatcher, Italiens langjähriger Autokrat Silvio Berlusconi und Russlands neuer «Zar» Wladimir Putin. Ein Gegenbeispiel dazu kann man im indischen Führer Mahatma Gandhi und dessen Einsatz für Gewaltlosigkeit erkennen, obwohl auch er durchaus autoritäre Züge zeigte. Ansonsten finden wir manche Beispiele von weiblichen Schauspielerinnen, die nicht nur durch verführerische Schönheit glänzten, sondern auch die Bereitschaft zeigten, für ihren Erfolg hart zu arbeiten: Brigitte Bardot, Catherine Zeta-Jones, Gwyneth Paltrow und Marion Cotillard. Als Ehemann von Zeta-Jones und ebenfalls erfolgreicher Schauspieler lässt sich auch Michael Douglas aufführen, dessen Neumond in Konjunktion mit Lilith und Chiron steht.

Sonne und Neumond in Skorpion

Diese doppelte Skorpionbetonung vermittelt Qualitäten wie Hintergründigkeit und eine intensive, wenn auch zum Teil kontrolliert zum Ausdruck kommende Leidenschaftlichkeit. Gross ist dementsprechend die Faszination für alles Verdeckte, schwer Durchschaubare, Geheimnisvolle und Abgründige. Dabei erkennt man instinktiv die verborgenen Schwächen und Begierden der Mitmenschen, versteht es aber gleichzeitig wie kein anderer, eigene Ängste und Begehren zu tarnen. Dementsprechend ist die Versuchung der Mitwelt, einem die Maske vom Gesicht zu reissen, gross und man kommt mit dieser Konstellation deshalb vor allem dann weiter, wenn man sich darin übt, mehr Spontaneität zu zeigen, und die Bereitschaft entwickelt, auch selbst Schwächen zu zeigen und zuzugeben. So führt die Konfrontation mit dem eigenen Schatten weiter, man wandelt sich durch die Fähigkeit Loszulassen und das bewirkt, dass man gestärkt aus Krisen hervorgeht.

Beispiele

Zu den grossen Veränderern der Geschichte, wozu eine gute Dosis Mut und Charisma erforderlich waren, gehören der Reformer Martin Luther und der französische Widerstandskämpfer und spätere Staatspräsident General de Gaulle; im wissenschaftlichen Bereich und im Zusammenhang mit der Überwindung überholter Frauenrollen auch die Physikerin Marie Curie. Die indische Staatschefin Indira Gandhi musste andererseits erleben, dass die korrupte Bevorzugung von Familienmitgliedern einen Leibwächter dazu anspornte sie umzubringen. Die Versuchung, sich im Rahmen eines Familienerbes zu verwirklichen, kennt Ivanka Trump mit dem karmischen Neumond zusätzlich im achten Haus. Wie diverse Schauspielerinnen und Schauspieler profitiert sie dabei von der starken Ausstrahlung, die ihr die doppelte Skorpionbetonung vermittelt. Dies gilt auch für die amerikanischen Schauspielerinnen Jodie Foster, Grace Kelly, Katy Perry und die französischen Filmstars Sophie Marceau und Alain Delon.

Sonne in Skorpion mit Neumond in Waage

Bei dieser Kombination verbindet sich das leidenschaftliche, tiefgründige Skorpionzeichen mit dem Charme und Schönheitssinn der Waage. Dadurch kommt es zu einer grösseren Beweglichkeit und es gelingt besser, andere für sich einzunehmen und vor einem Publikum oder als

Künstler bzw. Geschäftsperson Erfolg zu haben. Im positiven Fall verbindet sich mit der Verführungskunst des Waagezeichens ein untrüglicher Instinkt für die Schwachstellen, Schattenseiten und verborgenen Wünsche, Ängste und Leidenschaften anderer, was bedeutet, dass man es versteht, andere für sich zu gewinnen oder – falls nicht gewünscht – wirksam auf Distanz zu halten.

An sich vermittelt der Neumond in Waage ein gesteigertes Harmoniebedürfnis und eine grössere Bereitschaft, mit anderen zu kooperieren und sich mit den Menschen zu arrangieren, die einem wichtig sind. Es kann aber auch sein, dass die Neigung, den Finger in die Wunde zu legen und alles Unstimmige ans Licht zu bringen, damit es heilen kann, so sehr im Widerspruch zum Harmoniebedürnis steht, dass es einem immer wieder leid tut, wenn man durch eine schonungslose Wortwahl gerade wieder die schöne Harmonie zerstört hat. Die damit verbundene, immer wieder stattfindende Überprüfung der eigenen Motivationen und des eigenen Handelns wirkt sich aber im Lichte der Aufrechterhaltung von Beziehungen, die einem wichtig sind, wiederum sehr positiv aus. So kann man sich im besten Fall zu einem wahrhaft beziehungsfähigen Menschen entwickeln, der Probleme nicht unter den Tisch kehrt, sich aber auch an den schönen Dingen des Lebens erfreuen kann. Statt sich in zerstörerische Leidenschaften zu verstricken, kann es mit dieser Konstellation gelingen, Erfolg zu haben und die Früchte eines intensiven Lebens zu geniessen.

Beispiele

Ein besonders erfolgreicher Künstler, der sich sehr stark von seiner jeweiligen Partnerin als Muse für sein künstlerisches Schaffen inspirieren liess, war Pablo Picasso. Ein weiterer sehr erfolgreicher Unternehmer, der sich durch leidenschaftlichen Einsatz, aber auch vermittelnde Qualitäten profilierte, die er zum Vorteil seiner geschäftlichen Vorhaben einzusetzen verstand, bis hin zum Erlangen einer marktbeherrschenden Stellung, ist der Unternehmer Bill Gates, der – statt seinen Reichtum und Erfolg allein zu geniessen – philantropische Zielsetzungen verfolgt, die er zusammen mit seiner Frau über eine gemeinsame Stiftung vorantreibt. Hillary Clinton und François Mitterrand sind Beispiele zweier Politiker, die es durch leidenschaftliches Machtstreben, aber auch kommunikativen und vermittelnden Fähigkeiten sehr weit gebracht haben und die Geschicke ihres jeweiligen Landes massgeblich beeinflussten. Im Bereich der Schauspielerei geben Julia Roberts und Leonardo di Caprio zwei Beispiele ab die zeigen, dass sich das Aussehen und die verführerischen Qualitäten des Waagezeichens mit dem Magnetismus und Charisma, welches das Skorpionzeichen vermittelt, sehr gut verbinden können.

Sonne und Neumond in Schütze

Diese Kombination kommt über Weltoffenheit, Optimismus und Überzeugungskraft zum Ausdruck. Über die Begegnung mit anderen Kulturen wird das eigene Weltbild erweitert und es lassen sich mutige Visionen und Ideale entwerfen, die dem Leben einen höheren Sinn vermitteln. Gleichzeitig schöpft man gerne aus dem Vollen, macht grosse Pläne, will Erfolg haben und sich weiterentwickeln, ist aber, wenn die eigenen Anregungen Anklang finden auch bereit, andere zu fördern und zu unterstützen. Da moralische Werte eine wichtige Rolle spielen, kann eine Tendenz aufkommen, andere zu belehren und es ist wichtig, sich vor dieser Neigung in Acht zu nehmen, indem man die eigene Auffassung von Wahrheit und Gerechtigkeit nicht für allgemeingültig erklärt und damit missioniert. Dabei helfen Qualitäten von Aufgeschlossenheit, Toleranz und Grosszügigkeit.

Beispiele

Wir finden diese Kombination bei berühmten amerikanischen Musikern und Sängern wie Frank Sinatra, Jim Morrison und Britney Spears sowie Schauspielern und Regisseuren wie Steven Spielberg, Brad Pitt, Jane Fonda, Woody Allen und Katie Holmes. Auch nichtamerikanische Vertreter dieser Kombination reihen sich in die Gruppe erfolgreicher Darbieter ein, wie die französische Sängerin Edith Piaf und die Engländerin Jane Birkin, die als Cantatrice in Frankreich Karriere machte. Im religiösen, weltanschaulichen und politischen Bereich finden wir Papst Franziskus und Josef Stalin, dessen berühmt-berüchtigte Karriere mit einigen Jahren im Priesterseminar begann. Mit Neumond in Schütze Opposition Pluto und Quadrat Uranus entdeckte er jedoch sehr bald eine revolutionäre politische Ader bei sich und wurde nach dem Tod Lenins zum Führer der Sowjetunion. Schliesslich zählt der frühere französische Staatspräsident Jacques Chirac zu den Politikern mit dieser doppelten Schützebetonung.

Sonne in Schütze mit Neumond in Skorpion

Der Neumond im Skorpionzeichen vermittelt der aufgeschlossenen und unternehmungslustigen, ständig im Aufbruch befindlichen Schützesonne Tiefgang. In dieser Kombination verspüren die Schützegeborenen schnell einmal das Bedürfnis Wurzeln zu schlagen und, statt ständig nach neuen Möglichkeiten Ausschau zu halten, sich mit der Vergangenheit, ihrem Begehren und ihrem Gefühlsleben zu beschäftigen. Dies fördert den Bindungswillen, der – ganz im Widerspruch zum idealistischen Schützezeichen – mit besitzergreifenden Tendenzen einhergehen kann. Damit wird die Psyche aber auch vielschichtiger und man steht weniger unter dem Zwang, stets positiv zu denken und gut gelaunt zu sein, denn man muss sich mit der Widersprüchlichkeit der Emotionen, die in einem aufsteigen, auseinandersetzen.

Aus dieser Kombination kann die Kraft hervorgehen, sich den eigenen Schattenseiten zu stellen, indem ein reiches Instinktreservoir angezapft wird. Beharrlichkeit und die Fähigkeit, an wichtigen Projekten dranzubleiben, nehmen zu, was es möglich macht, an Visionen und Überzeugungen festzuhalten und diese auch gegen Widerstände durchzusetzen.

Beispiele

Diese Kombination finden wir ganz besonders bei Menschen, die selbst durch tiefe Wandlungsprozesse hindurchgegangen sind, sich als Krisenbewältiger profilieren und anderen durch die schiere Kraft ihrer Ausstrahlung und ihrer Widerstands- und Regenerationskraft in Erinnerung bleiben. Dazu gehören der legendäre britische Premierminister und Anführer des Widerstandes gegen die Nazis, Winston Churchill, ebenso wie Kultfiguren, die im Musikbereich Neues geschaffen haben, wie der frühverstorbene Jimi Hendrix, die Sängerin Tina Turner oder der Rapper Jay Z. Zu den Innovatoren, die mit dieser Konstellation neue Formen des Ausdrucks und der Kommunikation (Neumond im dritten Haus) entwickelt haben, zählt der Filmproduzent Walt Disney, der mit Zeichentrickverfilmungen in der Branche neue Akzente setzte. Jüngere Schauspielerinnen mit dieser Stellung sind Scarlett Johansson und Miley Cyrus.

Sonne und Neumond in Steinbock

Die Kombination von Sonne und Neumond im Steinbockzeichen vermittelt Eigenschaften von Konsequenz, Beharrlichkeit, Strebsamkeit und ein ausgeprägtes Pflichtgefühl. Mit einer solchen Konstellation geht man strukturiert vor und wünscht sich feste Prinzipien, die den Umgang zwischen den Menschen regeln. So wird man fähig, Verantwortung zu übernehmen und schätzt es, Schritt für Schritt vorzugehen, bis man durch solide und stetige Arbeit ein Werk vollendet hat, das einen praktischen Nutzen bringt. Dabei zählen Tatkraft, Gestaltungswille und Beharrlichkeit zu den grossen Stärken dieser Kombination, und dies schafft gute Voraussetzungen, um ehrgeizige Ziele diszipliniert anzugehen und sicher zu erreichen. Je mehr man erreicht hat und je gefestigter die Position ist, die man innehat, umso besser gelingt es, eine gewisse Lockerheit zu entwickeln, sodass der verbissene Ernst, der vielleicht früher vorherrschte, in den Hintergrund tritt. Das höchste der Gefühle gipfelt darin, sich eine Sicherheit aufzubauen, die niemand umstossen kann.

Beispiele

Über seine Kindheit hat der britische Musiker **David Bowie** gemäss Wikipedia im Alter von 46 Jahren eine Aussage gemacht, die für manche doppelte Steinbockbesetzung charakteristisch klingen dürfte: «Meine Kindheit war nicht glücklich. Nicht, dass es brutal zugegangen wäre, aber ich hatte eine ganz bestimmte Art britischer Eltern: Sie wa-

David Bowie

ren ziemlich unterkühlt, und man nahm sich nicht oft in den Arm.» Dies passt durchaus zu einem Geburtshoroskop *(Fig. 7)*, in welchem nicht nur drei Planeten im Steinbockzeichen im zwölften Haus stehen, sondern auch eine Konjunktion des Herrschers des Steinbockzeichens, Saturn, mit dem Mond stattfindet, zudem an einer Hauptachse und im Quadrat zum Chiron. Dies sind keine sonderlich fröhlichen Konstellationen, und es ist naheliegend, dass Bowie, mit der Venus am absteigenden Mondknoten im Schützezeichen am MC, als er auf die Welt kam, anderes erwartete. Dass seine Verwirklichung über die feinstoffliche Sphäre der Musik und Kunst stattfinden konnte, legt die Quadratur des Neptun zum Merkur nahe, welcher zugleich eine Brücke zu den angegliederten Planeten Sonne und Mars bildet. Die Frage, die man sich dabei stellt, ist allerdings, ob es bei einer solchen Konstellation gelingt, die gesuchte – und karmisch vertraute – Situation von Venus in Schütze am absteigenden Mondknoten heimzuholen. Dazu eignet sich das Halbquadrat der Sonne/Mars-Konjunktion zur Venus und das Halbquadrat Merkurs zum Jupiter – der zugleich Herrscher der Venus ist.

Fig. 7

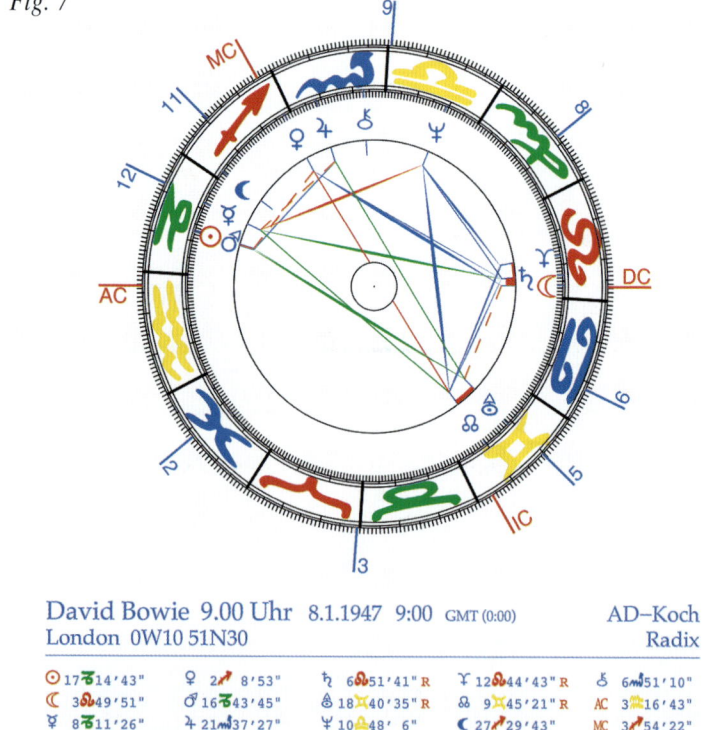

Eine Betrachtung des Karmischen Neumondhoroskops *(Fig. 8)* erhellt die Deutung auf vielversprechende Art. Zum einen steht der karmische Neumond nun im neunten Haus im Steinbockzeichen, was den Drang erzeugt, in der Welt herumzukommen und über seine Herkunft hinauszuwachsen. Nicht nur wird damit eine konkrete Aufforderung spürbar, zur Venus/Jupiter-Note der karmischen Vergangenheit eine Verbindung herzustellen, das Karmische Neumondhoroskop zeigt aufgrund einer Venus/Jupiter-Konjunktion, die zusätzlich ein Halbquadrat zum Mars und damit, angegliedert, auch zum karmischen Neumond macht, dass die Energie vorhanden ist, um über einen kreativen Kanal nicht im Frust der enttäuschten Erwartungen der frühen Kindheit steckenzubleiben, sondern mit Tatkraft (Neumond Konjunktion Mars) und Zuversicht (neuntes Haus) einen Weg zu gehen, der in eine lohnende Zukunft führt.

Die Anwesenheit der Lilith in der Figur, indem wir es bei Lilith und Mars nicht nur mit Konjunktionen zum Neumond zu tun haben, sondern auch mit einer Halbsummenstruktur, in deren Mitte der Neumond zu liegen kommt, zeigt im Zusammenhang mit einem künstlerischen Schaffen die Bereitschaft, Neues auszuprobieren und auch mit

Fig. 8

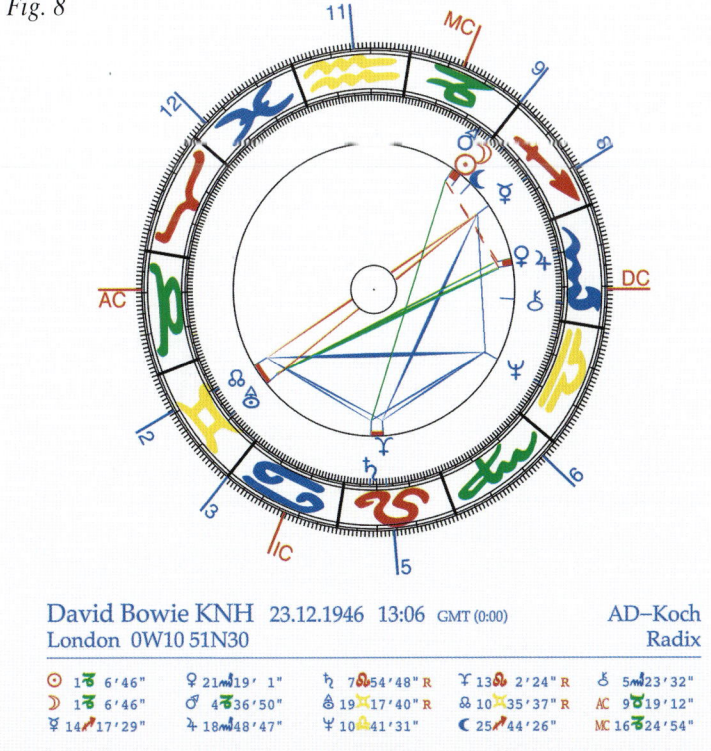

den Geschlechterrollen zu experimentieren. Dies alles hat David Bowie zu einer mehr als vierzigjährigen Musikkarriere verholfen, in deren Verlauf er sich immer wieder neu erfand. Damit gehört er nicht nur zu den einflussreichsten Musikern der letzten Jahrzehnte, sondern er konnte mit über 140 Millionen verkauften Tonträgern bis Anfang 2016, als eine Krebserkrankung seinem Leben ein Ende setzte, auch kommerziell auf einen beeindruckenden Erfolg zurückblicken.

Dieses Beispiel wurde etwas detaillierter besprochen, weil es eindrucksvoll zeigt, wie mit einer ausgeprägten Steinbockbetonung der Anfang des Lebens karg sein kann und – insbesondere wenn die Stellung des absteigenden Mondknotens Erwartungen anzeigt, die nicht befriedigt werden – enttäuscht, dies aber bei entsprechenden Radix- und Neumondkonstellationen zum Hebel werden kann für eine beeindruckende Verwirklichung. Ähnliches gilt auf der künstlerischen oder musikalischen Ebene auch für den Filmregisseur und Produzenten David Lynch und für die Musiker Elvis Presley und Janis Joplin.

Der Politiker Richard Nixon hingegen ist mit einer doppelten Steinbockprägung und dem Neumond im dritten Haus des KN-Horoskops ein Beispiel für jemanden, der Sicherheit dadurch suchte, dass er jedes im Weissen Haus geführte Gespräch aufnehmen liess, was ihm jedoch im Zusammenhang mit der Watergate-Affäre zum Verhängnis wurde, als sich zeigte, dass ganze Besprechungen oder bestimmte verräterische Stellen gelöscht worden waren. Ähnliches wurde übrigens im Zusammenhang mit dem Wahlkampf auch Hillary Clinton, mit dem karmischen Neumond ebenfalls im dritten Haus (in Waage), zum Verhängnis, als plötzlich über 30000 E-Mails gelöscht waren. Ein gutes Gegenbeispiel zu solchen unglücklichen Verhaltensweisen gibt es in Gestalt von Michelle Obama, deren Sonne und karmischer Neumond sich, wie bei Bowie, beide im Steinbockzeichen befinden. Geradlinig und unbelastet von Verdachtsmomenten verkörpert sie mit dem karmischen Neumond in Steinbock und im achten Haus beispielhaft Geradlinigkeit und Klarheit, was ihr bei Reden problemlos ermöglichte, die bewegenden ehrlichen Worte zu finden, die die Menschen ganz direkt berühren. Die Sicherheit, die man mit Sonne und Mond in Steinbock sucht, kann man auch im Bereich der Wissenschaft und der Entdeckung von Naturgesetzen finden und dies gilt für den berühmten Mathematiker und Physiker Sir Isaac Newton mit Sonne und Neumond in Steinbock, letzterer im fünften Haus des KN-Horoskops.

Sonne in Steinbock mit Neumond in Schütze

Wenn die Sonne im Steinbockzeichen durch den Neumond in Schütze ergänzt wird, verbindet sich der Drang nach zielgerichtetem und realistischem Vorgehen mit einer visionären Begeisterungsfähigkeit und einer dynamischen Unternehmungslust. Damit wird das Streben nach Perfektion, Korrektheit und Prinzipientreue durch eine Sinnsuche ergänzt, die zuweilen auch die Bereitschaft auslöst, zugunsten des Ganzen über kleinliche Details hinwegzusehen. Mit einer solchen Konstellation kann man zum Vorbild und zur Autoritätsfigur für andere werden, Halt und Struktur vermitteln, klare Grenzen setzen und eine Haltung vertreten, an der sich andere gerne orientieren. Verkörpert die Steinbockkomponente eine Neigung zu fordern und zu kritisieren, wenn eine Arbeit nicht befriedigend ausgeführt wurde, so steuert die unterstützende Komponente des Schützeneumondes Lob und Zuspruch bei und die Kombination beider Komponenten vermag aus den Menschen das Beste hervorzulocken und die Begeisterung für das, was zu tun ist, am Leben zu erhalten.

Beispiele

Es dürfte nicht erstaunen, dass man in dieser Gruppe mit dem Neumond in Schütze im achten Haus, Opposition Neptun/Pluto, den Gründer der Volksrepublik China, Mao Zedong, findet. Sein langer Marsch erforderte nicht nur jene lebendige und überzeugende Vision, die das Schützezeichen vermittelt, sondern auch ein enormes Durchhaltevermögen und das Interesse für die Details der Ausführung, welches die Sonne im Steinbockzeichen erzeugt.

Ein gutes Beispiel für die Vermittlung von Erkenntnissen und Weisheiten, die die Menschen weiterführen, finden wir bei Carlos Castaneda, mit dem Neumond in Schütze (Quadrat Uranus und Trigon Neptun), der – als zusätzliche Verstärkung – im Karmischen Neumondhoroskop ins neunte Haus zu liegen kommt. Mit dem Schützeneumond wird der auf Sicherheit bedachte Steinbockbetonte beweglicher, umtriebiger und dies gilt sowohl für Uwe Ochsenknecht als auch für Christine Lagarde, deren Tätigkeit es mit dem Neumond im Schützezeichen und in der Halbsumme von Venus/Saturn mit sich bringt, dass sie im Zusammenhang mit Geldangelegenheiten sowie Kreditgewährung permanent unterwegs ist. Rastlos war auch lange Zeit Carla Bruni, mit dem Neumond in Schütze Quadrat Jupiter und im Aspekt zur Venus, bis sie in der Ehe mit Nicolas Sarkozy scheinbar zu einer gewissen Ruhe fand. Auch Vanessa Paradis zog es mit dieser Stellung durch die Beziehung mit Johnny Depp ins ferne Ausland, bis die immerhin 14 Jahre dauernde Partnerschaft zu Ende ging.

Sonne und Neumond in Wassermann

Mit dieser doppelten Wassermann-Betonung braucht man viel Freiheit, denn man hat grosse Mühe mit Vereinnahmung, Zwängen und strengen Regeln, die von anderen vorgegeben werden. So ist es wichtig, dass Begabungen und Qualifikationen zu Leistungen führen, die einem ermöglichen, einen eigenen Weg zu gehen, bei welchem sich die Kontakte mit anderen auf Augenhöhe abspielen. In diesem Fall kann man sich sogar als Teamplayer profilieren und dies geht gut, solange man sich nicht zu sehr anpassen und unterordnen muss. Als notorischer Freigeist will man die Gesellschaft umkrempeln, sich vom Durchschnitt abheben, anders als die anderen und als Teil einer verschworenen Gemeinschaft und einer Art Elite Vorreiter für zukünftige Entwicklungen sein. Man kann einer unter vielen sein, solange man das Gefühl hat, niemand verweigert einem die Starrolle, die man in einem solchen Fall auch nicht einnehmen muss. Es genügt zu wissen, man könnte sich profilieren, ohne dass die Gesinnungsgenossen über einen herfallen.

Beispiele

Die Schule ist im Leben im Allgemeinen der erste Test im Hinblick auf die Frage, ob man bereit ist, sich an Regeln, die für alle gelten, zu halten oder Eigenwilligkeit und rebellischer Geist stärker sind. Von den Sängern und Schauspielern John Travolta und Robbie Williams, die diese doppelte Wassermann-Betonung haben, ist bekannt, dass sie die Schule früh abbrachen, um sich auf eigene Weise durchs Leben zu schlagen. Neuen Wind in die Politik brachten auch die Staatspräsidenten Ronald Reagan und Nicolas Sarkozy, indem sie mit ihrem das freie Unternehmertum und die Marktwirtschaft begünstigenden Programm, im Vergleich zu ihren Vorgängern, einen resolut neuen Weg einschlugen. Dabei entpuppte sich der konservative amerikanische Präsident Reagan auch in dem Sinne als Erneuerer, als er in den wichtigen Phasen der Entspannung, die er zusammen mit Michael Gorbatschow vorantrieb, regelmässig eine Astrologin konsultierte, um nach einer in seiner ersten Amtszeit sehr traditionellen Politik in der zweiten Amtszeit zur Überwindung der Feindschaft zwischen den USA und der Sowjetunion beizutragen. Interessant ist, dass er dies mit jemandem – Michael Gorbatschow – erreichte, der mit Sonne in Fische ebenfalls den Neumond in Wassermann hat. Zusammen neue, unkonventionelle Wege zu gehen und damit alte Probleme lösen, macht in diesem Zeichen Spass.

Sonne in Wassermann mit Neumond in Steinbock

Bei dieser Kombination wird die innovative und individualistische Komponente des Wassermannzeichens durch realistische Steinbockqualitäten ergänzt. Damit tritt die Sprunghaftigkeit des Wassermannzeichens etwas in den Hintergrund und das Vorgehen wird verlässlicher und berechenbarer. Im Weiteren vermittelt der Neumond in Steinbock Qualitäten von Disziplin, Durchhaltevermögen, Pflichtgefühl und Ernsthaftigkeit. Es gelingt strukturiert vorzugehen und die vielfältigen Inspirationen der Wassermann-Sonne so umzusetzen, dass sie Hand und Fuss haben, sodass sie auch anderen schmackhaft gemacht werden können.

Dabei kann es gelingen, dem Ideal des selbstständigen, autonomen Menschen näher zu kommen. Man weiss, dass die Freiheit des Einzelnen da endet, wo der gerechtfertigte Anspruch des Andern beginnt und dass nur derjenige wahrhaft unabhängig ist, der seine Aufgaben freiwillig annimmt und seine Pflichten gegenüber der Gesellschaft erfüllt. Diese besondere Prägung verleiht der freigeistigen Wassermann-Sonne den Willen, nicht nur auf die eigenen momentanen Antriebe und Bedürfnisse abzustellen, sondern eine passende Nische in der Gesellschaft zu finden, im Rahmen welcher die eigenen Ziele mit Beharrlichkeit verwirklicht und die erforderlichen Reformen angestossen werden.

Beispiele

Die Tatsache, dass ich bei der Suche nach Beispielen von berühmten Persönlichkeiten für diese Kombination viel schneller fündig wurde als bei der Variante Sonne und Neumond in Wassermann, könnte ein Hinweis darauf sein, dass das Wassermann-Prinzip, wenn es in zu massiver Prägung zum Ausdruck kommt, weniger durchsetzungsfähig ist oder weniger dauerhafte Spuren hinterlässt, als wenn es sich mit dem Realismus und den erdigen Qualitäten des Steinbockzeichens verbindet. Dies kann auch damit zu tun haben, dass man mit einer übermässigen Wassermann-Betonung in einer eigenen Welt lebt, ohne das Bedürfnis zu verspüren, diese mit der konkreten Realität und der Welt der anderen in Einklang zu bringen. Sind jedoch beide Zeichen betont, kommt es zum Drang, die eigenen Ideen in der realen Welt umzusetzen, wobei man bereit ist jene Geduld zu üben, welche erforderlich ist, damit das beabsichtigte «Werk» Form annimmt.

So finden wir unter dieser Kombination politische Erneuerer wie Abraham Lincoln und F. D. Roosevelt – die wohl wichtigsten US-Präsidenten der amerikanischen Geschichte – oder Boris Jelzin, der zur Zeit des Putsches gegen die Sowjetregierung mutig und dezidiert Widerstand leistete. Weniger überzeugend ist es, wenn – wie bei Kaiser Wilhelm II. – die Rebellion gegen die eigene Familie dazu führt, dass man aus der Reihe tanzt und als Kaiser militärisch unnötig vorprescht; eine kriegstreiberische Haltung, die der Pazifist Romain Rolland, mit gleicher Neumondkonstellation im Steinbockzeichen, in seinen Publikationen bekämpfte.

Einen originellen Werdegang im Bereich der Philosophie, der Musik, des Films oder des Umgangs mit der Gesellschaft kann man mit dieser Konstellation sorgfältig planen. Auch, wenn die Umsetzung nicht gelingen sollte, verspürt man jenen Perfektionismus, der dazu antreibt, unermüdlich an der Gestaltung und Verfeinerung des dargebrachten Kunst- oder Lebenswerks zu feilen, wie die folgenden Beispiele veranschaulichen: Der Philosoph und Physiker Fritjof Capra, die Musiker und Musikerinnen Wolfgang Amadeus Mozart, Bob Marley, Neil Diamond, Shakira, Justin Timberlake oder Alicia Keys (letztere beide mit dem gleichen Neumond vom 6. Januar 1981, der von einer exakten Venus/Neptun-Konjunktion begleitet wird). Oder die Schauspielerinnen Mia Farrow, Sharon Tate und Jennifer Aniston, wobei die beiden erstgenannten in provokativen Filmen des herausfordernden Regisseurs Roman Polanski auftraten.

Sonne und Neumond in Fische

Mit Sonne und Neumond im Fischezeichen sind Sensibilität und Einfühlungsvermögen sehr ausgeprägt. Das Gefühl, durch geheimnisvolle Bande mit der Welt verbunden zu sein, nährt Träume, Sehnsüchte und Sinn für Romantik und Spiritualität. Auch ist ein feines Gespür für kollektive Strömungen, für leise Zwischentöne und für alles Unausgesprochene vorhanden.

Bei dieser Zeichenbesetzung stellt sich die Frage, ob es gelingt, eigene Visionen eines inspirierten Lebens umzusetzen, was es erforderlich macht, weder die eigene Sinnsuche an den Nagel zu hängen, noch den Bezug zur konkreten Realität zu vernachlässigen. Als Bürger zweier Welten ist man ständig daran, zwischen den Impulsen der Innenwelt und den Entsprechungen im Aussen einen Brückenschlag zu versuchen.

Beispiele

Jemand, der schon früh im Hinblick auf die Frage, was Realität und was Materie ist, eigene Ideen entwickelte, die ihn dazu führten, gängige Vorstellungen hinter sich zu lassen und neue an deren Stelle zu setzen, war Albert Einstein mit dem Fische-Neumond in Opposition zum Uranus. Auch die Kreativität von **Steve Jobs** *(Fig. 9)* und sein Gespür für das, was die Menschen an technischen Applikationen inspiriert und begeistert, ist Ausdruck einer Fische-Betonung, mit einem Neumond *(Fig. 10* nächste Seite), der im zwölften Haus im Trigon zum Neptun ebenso wie im Quadrat zur Lilith steht. Dabei wurde aus einem Kind, welches von seiner Mutter ursprünglich zur Adoption freigegeben worden war, jemand der schnell lernte und grosse technische Begabung zeigte, während er sich bei traditionellen Formen des Unterrichts schnell einmal langweilte. Beim Geschäftsmann, früheren Gouverneur von Massachusetts sowie US-Präsidentschaftskandidaten und Mormonen Mitt Romney steht der Neumond in Fische zusätzlich

Fig. 9

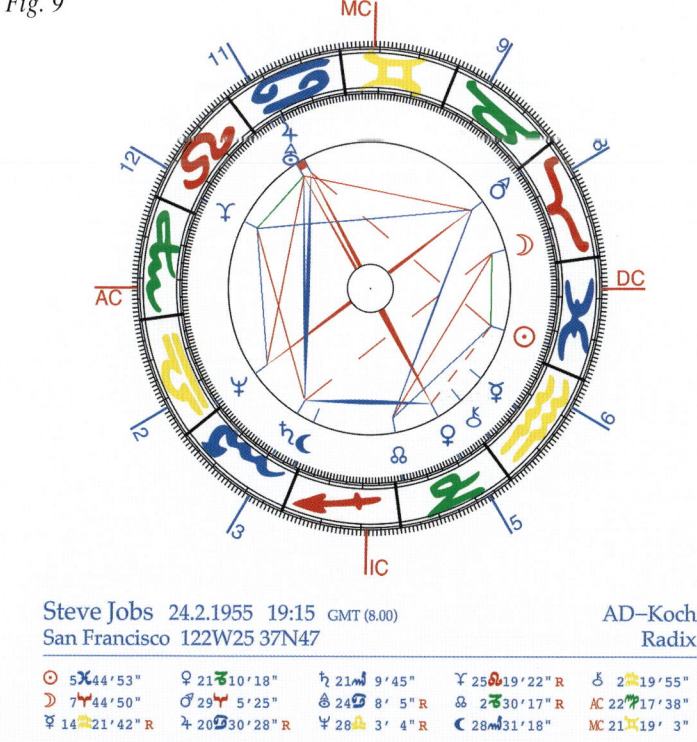

im sechsten Haus und im Aspekt zu Jupiter und Saturn. Zu den berühmten Frauen mit einer doppelten Fische-Betonung zählen in besonderem Masse Sängerinnen, Schauspielerinnen und Models, so zum Beispiel Nina Hagen, Maria Schneider, Isabelle Huppert und Cindy Crawford.

Sonne in Fische mit Neumond in Wassermann

Bei dieser Kombination wird durch den Wassermann-Neumond der Neigung der Fische-Sonne, sich aufzuopfern, übermässig anzupassen und im Anderen zu verlieren, Einhalt geboten, indem sich dieser Tendenz eine eigenwillige und individualistische Persönlichkeitskomponente entgegenstellt. Dies ist hilfreich, um die Abgrenzung voranzutreiben die erforderlich ist, wenn sich die Sonne im Geburtshoroskop im Fischezeichen befindet. Dabei überlagert sich die mit dem Wassermann-Neumond einhergehende Rationalität, kühle Distanziertheit und Schlagfertigkeit mit der hingebungsvollen Fischenatur, sodass man sich häufig zwischen Gefühl und Verstand hin- und hergerissen fühlt und nicht immer weiss, ob man gerade mit anderen mitfühlt oder diesen den Spiegel vorhalten soll, damit sie die Wahrheit erkennen.

Fig. 10

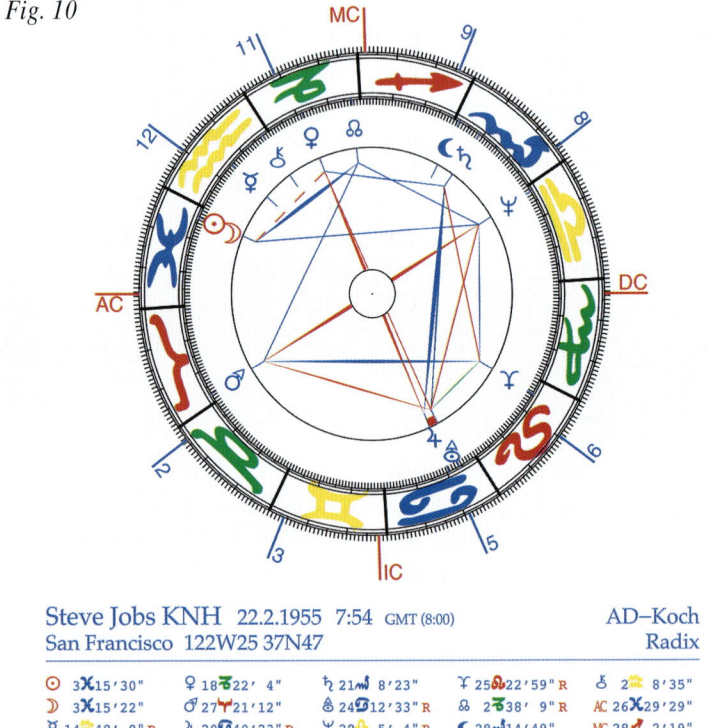

Die Wassermann-Komponente sorgt dafür, dass man weniger Gefahr läuft, sich in Täuschungen und Illusionen zu verlieren und bietet die Möglichkeit, den reichen Gefühlsfundus der Fische-Sonne intellektuell und kommunikativ zu integrieren. Daraus ergibt sich eine Kombination, die sehr gut den Themen unserer Zeit seit der Uranus/Neptun-Konjunktion des Beginns der 1990er-Jahre entspricht, die den Menschen über das Internet blitzschnelle weltweite Vernetzung gebracht hat und sie von der Standortabhängigkeit befreite. Individualismus, Originalität und Erfindungsreichtum vermischen sich bei dieser Verbindung in einer Weise, dass man mit Sensibilität und Ahnungsvermögen eine Teilnahme an kollektiven Strömungen erlebt und eine starke Anziehung für alles Ungewöhnliche, Ausgefallene, Mysteriöse und Rätselhafte verspürt.

Beispiele

Menschen, die prägend oder mitwirkend zu unserer Epoche beigetragen haben, sind Kosmonaut Juri Gagarin, der erste Mensch, der im Weltraum weilte und der sowjetische Staatschef Michael Gorbatschow, der zusammen mit dem doppelt Wassermann-Betonten amerikanischen Präsidenten Ronald Reagan die Entspannung in den Ost/West-Beziehungen vorantrieb. Auch der italienische Psychiater Roberto Assagioli, der die Methode der Psychosynthese begründete, kann als Pionier betrachtet werden, der in der Psychologie mit dem «höheren Selbst» eine transpersonale und transzendentale Komponente eingeführt hat, die es dort zuvor in dieser Form nicht gab. Man kann mit der Verbindung von Wassermann und Fische auch einen Sinn für gesellschaftliche Trends entwickeln, den man unternehmerisch in Form eines medialen Imperiums umzusetzen versteht, wie dies Rupert Murdoch (Radixhoroskop mit eingezeichnetem Neumond siehe *Fig. 15* auf S. 82) getan hat oder in der Musik neue Wege gehen und dabei Kultstatus erlangen wie der legendäre, früh verstorbene Kurt Cobain, mit Sonne in Fische und Neumond in Wassermann im Aspekt zu Neptun und Pluto.

Vielleicht fühlt man sich auch – als Ausdruck des Zeitgeistes – von einer Welle der Popularität getragen wie der Musiker Justin Bieber, mit Neumond in Wassermann Konjunktion Venus. Dies überzeugt mehr, als wenn jemand mit der gleichen Fische/Wassermann-Kombination und dem Neumond ebenfalls in Konjunktion mit der Venus, als Staatschef die Bestätigung seiner selbst dadurch vorantreibt, dass er den Bürgern des Landes jegliche Ablehnung verunmöglicht oder verbietet, wie dies der türkische Präsident Recep T. Erdogan tut. Selbstdarstellerinnen, die mit dieser Stellung zu Ansehen, Berühmtheit und Macht kamen, sind die Filmdiva Liz Taylor, mit dem Neumond im achten Haus Konjunktion Mars und Opposition Jupiter und Ivana Trump, die sich mit dem Neumond Opposition Pluto in die goldene Höhle des Löwe-Aszendenten Donald begab, bis es wegen der Konkurrenz zweier machtvoller Egos – in ihrem Fall Neumond Opposition Pluto, in seinem Fall im achten Haus – zur Trennung kam. Interessant ist, dass aus dieser Verbindung Tochter Ivanka hervorging, mit – wie ihr Vater – Neumond im achten Haus und zusätzlich im Skorpionzeichen.

Wenn der Neumond im Radixhaus vor der Sonne steht

Ähnlich wie im Falle des Neumondes, der im Zeichen steht, welches dem Sonnenzeichen vorangeht, ist es von Bedeutung, wenn der karmische Neumond, ins Radix übertragen, in ein anderes Haus fällt als die Sonne. Auf diese Weise entsteht ein zusätzlicher Schwerpunkt, der den Lebensplan für diese Inkarnation massgeblich prägt.

Wie beim Zeichen, wo die Regel absolut gilt, kann es sich beim Haus in der Praxis beinahe nur um das vorhergehende Haus handeln, wobei es bei einer Sonnenstellung, die am Ende eines Zeichens und einem Neumond, der am Anfang des Zeichens steht und einem sehr kleinen Haus in seltenen Fällen auch einen Sprung um zwei Häuser geben kann.

Wichtig: Das Radixhaus, in das der Neumond fällt, ist nicht zu verwechseln mit dem Haus, in welchem der Neumond im Karmischen Neumondhoroskop zu liegen kommt!

Nur in seltenen Fällen steht der Neumond in beiden Systemen im gleichen Haus (statistisch gesehen rund in einem Zwölftel der Fälle). Die Häuserstellung des Neumondes im KN-Horoskop wird in einem späteren Kapitel besprochen.

Wenn ausnahmsweise beide Häuserstellungen identisch sind, kann man allerdings von einer besonderen Betonung des betreffenden Hauses sprechen. Ein Beispiel dafür liefert der karmische Neumond des Autors dieses Buches. Dem Kapitel «Eigene Erfahrungen mit dem karmischen Neumond» konnten Sie entnehmen, welche Bewandtnis es in meinem Leben mit dem karmischen Neumond im neunten Haus des KN-Horoskops hat. Dies wird noch einmal durch die Tatsache bekräftigt, dass der karmische Neumond (siehe *Fig. 2* auf S. 29) ins Radix übertragen (*Fig. 1* auf S. 27) ins neunte Haus und auf die Lilith fällt. Damit werden gleich zwei Informationen bestätigt, die man schon dem Karmischen Neumondhoroskop entnehmen konnte: Ein wichtiges Thema dieser Inkarnation hat mit Wissen und Philosophie sowie mit Reisen und der Beschäftigung mit alten – vielleicht auch matriarchalen – Kulturen zu tun und veranlasst dazu, Grundpfeiler der Mainstreamkultur, in der man aufwächst, infrage zu stellen. Diese Motivation führte mich dazu, mich schon früh mit Yoga, Hinduismus und

Buddhismus auseinanderzusetzen und die Astrologie als Verbindung zu uraltem Geheimwissen zu entdecken, zu einem Zeitpunkt, als sie in unserer Kultur noch ein Mauerblümchendasein fristete. In einer späteren Phase war es mir in direkter Umsetzung des karmischen Neumondes auf der Lilith ein Anliegen, den Schwarzen Mond durch entsprechende Publikationen in der deutschsprachigen Astrologie einzuführen und bekannt zu machen.

Das obige Beispiel ist eine Illustration dafür, dass es von Interesse sein kann zu schauen, ob der Neumond die Aussagen, die man im Zusammenhang mit der Stellung der Sonne im Radixhaus machen kann, unterstützt oder eine zusätzliche Thematik ins Spiel bringt. Fällt im Weiteren der Neumond auf einen Radixfaktor oder in Opposition bzw. ins Quadrat zu einem solchen, ist auch dieser einzubeziehen. Dabei können die Akzentverschiebungen zwischen Sonne und Neumond im Haus in die folgenden Gruppen unterteilt werden:

Sonne im fixen, Neumond im kardinalen Haus

Der Unterschied zwischen fix und kardinal hat damit zu tun, dass mit der Sonne in einem fixen Haus Beharrungsintensität und magnetische Wirkung auf andere im Sinne einer starken Anziehungskraft auf einem Höhepunkt stehen und dies mit dem Neumond in einem kardinalen Haus durch Initiative und Antrieb zu spontaner Aktivität und Durchsetzungskraft ergänzt wird.

Im Falle der **Sonne im zweiten Haus** und des karmischen Neumonds im ersten ist der Lebensantrieb auf den Aufbau von Selbstwert und Reviersicherheit gerichtet und der karmische Neumond im ersten Haus vermittelt die erforderliche Initiative und Motivation, um sich spontan durchzusetzen. Beispiel: Die amerikanische Talkshowmoderatorin, Schauspielerin und Unternehmerin **Oprah Winfrey** (Radix siehe *Fig. 11*), die bis vor kurzem die erfolgreichste Talkshow des amerikanischen Fernsehens betrieb. Mit dem karmischen Neumond auf 14 Grad Steinbock, der ins exakte Quadrat zu ihrer Lilith am MC fällt und zum Uranus eine weite Opposition macht, wurde sie zur ersten Afroamerikanerin, die ein Vermögen im Milliardenbereich anhäufte. Jemand, der es mit der Sonne im zweiten und dem Neumond im ersten Radixhaus im Quadrat zu Pluto und im Quinkunx zum Jupiter hingegen zu politischer Macht und Ansehen brachte, ist der frühere französische Staatspräsident François Mitterrand.

Die **Sonne im fünften Haus** in Kombination mit dem Neumond im vierten Radixhaus symbolisiert eine Verbindung zwischen dem

Drang nach kreativer Betätigung und einer Rückverbindung mit den Wurzeln sowie der Gefühlswelt und kann eine Affinität zu Fragen von Geborgenheit, Herkunft, dem «Ende der Dinge» oder Bauwerken anzeigen, wie bei der Sterbeforscherin Elisabeth Kübler-Ross (KN in Konjunktion mit dem IC des Radixhoroskops) und dem Universalgenie, Maler und Architekten Leonardo da Vinci, dessen KN im vierten Haus in Konjunktion mit Merkur und in Opposition zu Saturn stand.

Die **Sonne im achten Haus** trägt zu einer geheimnis- und machtvollen Ausstrahlung bei und die dadurch mobilisierten instinkthaften Kräfte geraten durch den Neumond im siebten Haus in Bewegung und in eine starke Resonanz mit dem Gegenüber. Damit kann der Drang, sich dem Du oder einem Publikum gegenüber zu profilieren konkrete Form annehmen, sodass es zu einer Karriere im Bereich der Schauspielkunst, der Moderation oder der Beratung kommt, wobei im Falle einer beratenden Tätigkeit (siebtes Haus) Krisen, Finanzen und gesellschaftliche Rollen (achtes Haus) ein Thema darstellen können. Ein Beispiel dafür verkörpert der Schauspieler, Sänger, Tänzer und Produzent John Travolta, der gleichzeitig als Anhänger von Scientolo-

Fig. 11

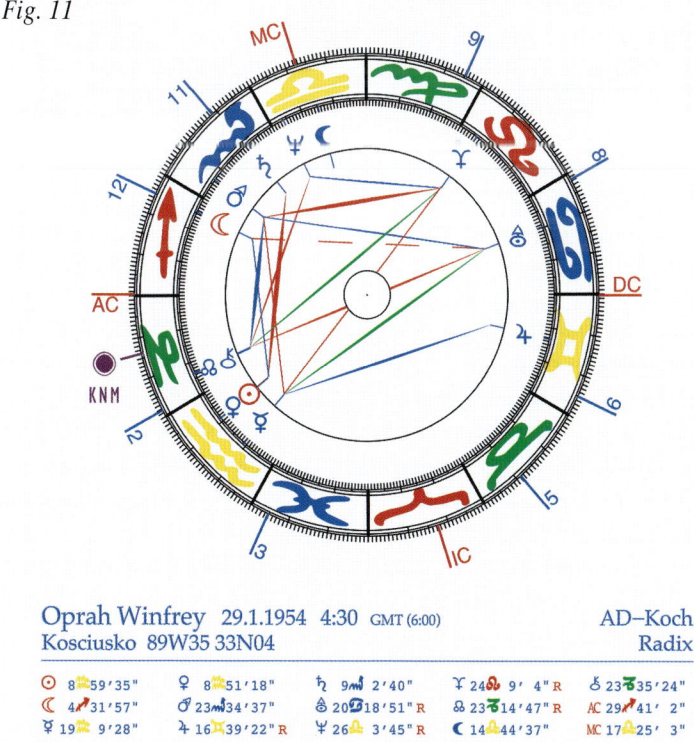

Marilyn Monroe

gy bekannt ist. Während seine Sonne im Wassermannzeichen im achten Haus und in Opposition zum Pluto steht, macht der karmische Neumond im siebten ein Quadrat zum Saturn. Die Verbindung zur Scientology-Sekte entspricht durchaus der intransparenten Machtproblematik, die eine Betonung des achten Hauses und starke Pluto-Aspekte nahelegen können, während der Beruf des Sängers und Tänzers eine direkte Entsprechung des siebten Hauses darstellt.

    Mit der **Sonne im elften Haus** ist man populär und hat seine Fans. In Kombination mit dem Neumond im zehnten Haus schafft dies optimale Voraussetzungen, um sich – von der Sympathie eines Fan-Publikums getragen – gesellschaftlich zu profilieren. Von dieser Stellung profitierten James Dean, mit dem Neumond im zehnten Haus in Steinbock auf Merkur, Opposition Pluto des Geburtshoroskops, **Marilyn Monroe** mit dem Neumond auf 20 Grad Stier, Opposition Saturn

Quadrat Neptun und Quadrat Mond/Jupiter *(Fig. 12)* und später Angelina Jolie, mit dem karmischen Neumond ebenfalls auf 20 Grad Stier und ins zehnte Radixhaus fallend, sowie die kolumbianische Sängerin Shakira, mit Sonne in elf in Wassermann und dem Neumond im zehnten Haus in Steinbock, Konjunktion Mars, Opposition Mond und Quadrat Chiron.

Sonne im veränderlichen, Neumond im fixen Haus

In diesem Fall weist der Lebensantrieb in eine auf Austausch ausgerichtete, philosophische oder moralische Richtung, während die karmische Motivation vom Wunsch beseelt ist, Zuwendung und Liebe zu erhalten, vielleicht indem man Nahestehende, Fans und Anhänger durch Ideen und Botschaften, die kommunikativ vermittelt werden, für sich einnimmt.

Mit der **Sonne im dritten Haus** und dem Neumond im zweiten ist es naheliegend, durch Austausch und Kommunikation zu Selbstwert und Besitz zu kommen, sodass man über gute Voraussetzungen verfügt, die Botschaften die man aussendet zu klingender Münze zu machen. Eine solche Konstellation finden wir, mit Sonne in Wassermann

Fig. 12

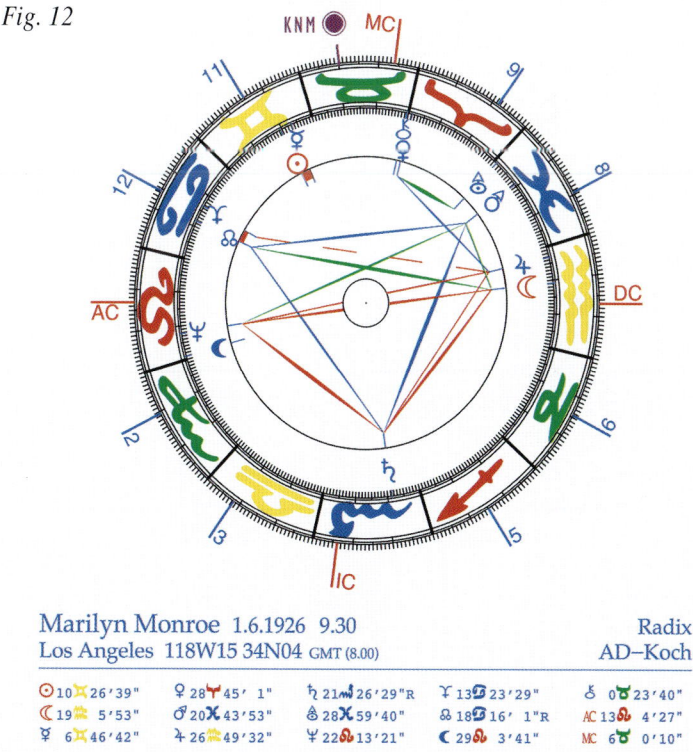

im dritten Haus und dem Neumond in Steinbock auf dem Radix-Mars in Steinbock, der in Konjunktion mit Merkur und am absteigenden Mondknoten steht, beim jamaikanischen Sänger, Gitarrist und Songwriter Bob Marley, einer der profiliertesten Vertreter des Reggae. Die Kombination mit Mars in Steinbock passt gut zu Titeln seiner Songs wie «Get Up, Stand Up», «Stir It Up» oder «I Shot the Sheriff».

Die **Sonne im sechsten Haus,** in Verbindung mit dem Neumond im fünften, schafft eine Verbindung zwischen einer arbeitsamen, dienstleistungsorientierten Haltung, die sich ohne grössere Probleme in ein hierarchisches System einfügt und dem Drang nach Selbstverwirklichung, wie er über den Neumond im fünften Haus zum Ausdruck kommt. Eine solche Konstellation finden wir beim früheren deutschen Bundeskanzler **Gerhard Schröder,** der es seinerzeit verstand, seine Partei aus der Sackgasse der Geschwisterrivalitäten herauszuführen und hinter sich zu vereinen, um ein Regierungsprogramm zu verwirklichen, an dem Unternehmer (fünftes Haus) ihren Gefallen fanden. Dementsprechend wurde er als «Genosse der Bosse» bezeichnet. Schröders Sonne im sechsten Haus steht, wie der Neumond, der ins fünfte Haus fällt, im Widderzeichen und letzterer bildet

Fig. 13

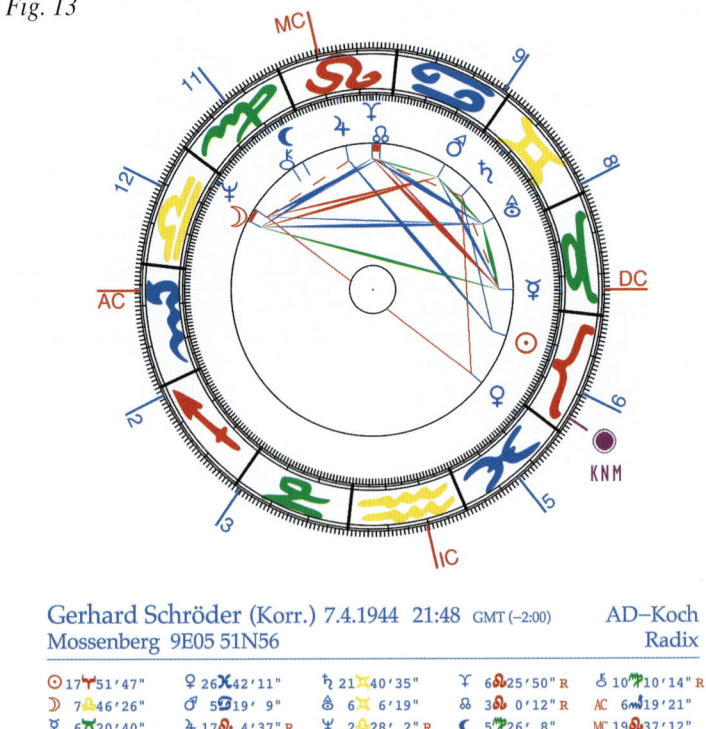

eine Opposition zur Radix-Mond/Neptun-Konjunktion und ein Quadrat zum Mars (siehe *Fig. 13*).

Mit der **Sonne im neunten Haus** ist ein starkes Bedürfnis vorhanden, über das was man tut und womit man sich identifiziert, mit einem Gefühl von Sinnhaftigkeit in Kontakt zu kommen. Der Neumond im achten Haus ergänzt diese Themen durch Grenzerfahrungen und dem Erleben von Krisen und Herausforderungen, die starke Regenerationskräfte wecken. Diese Konstellation beobachten wir bei der US-amerikanischen Filmschauspielerin Uma Thurman, die durch marsische Rollen bekannt wurde: Als Gangsterbraut in Quentin Tarantinos Film «Pulp Fiction» und wiederum als rächende Braut in Tarantinos «Kill Bill». Themen des neunten Hauses erlebte sie über ihre Familie: Ihre Mutter ist deutscher, schwedischer und dänischer Herkunft und Ihr Vater, Robert Thurman, war der erste Amerikaner, der vom Dalai Lama zum buddhistischen Mönch geweiht wurde. Selbst betrachtet sie sich allerdings als Agnostikerin. Während Thurmans Sonne im neunten Haus in Konjunktion mit Saturn im Stierzeichen steht, fällt der karmische Neumond ins Widderzeichen und ins achte Haus, mit einem gradgenauen Trigon zur Lilith im Löwezeichen.

Die **Sonne im zwölften Haus** löst ein Bedürfnis nach religiösen, spirituellen oder psychologischen Erfahrungen aus und dies führt meist dazu, dass man sich mit Hintergründen der menschlichen Existenz auseinandersetzt und dazu beitragen möchte, Lösungen für bestehende Probleme zu finden und anzubieten. Diese Stellung kann auch eine Sensibilität für Musik und feinstoffliche Zusammenhänge auslösen. Wird sie durch den Neumond im elften Haus unterstützt, können sich Einfühlungsvermögen und originelle Ideen zu einer kreativen Kombination verbinden, indem neue Wege beschritten werden. Im Übrigen ist der Neumond im elften Haus hilfreich, um Sympathien auf sich zu vereinigen, die die Verwirklichung der eigenen Projekte erleichtern. Diese Kombination finden wir bei Mahatma Gandhi mit der Sonne in Waage im zwölften Haus und dem Neumond in Jungfrau, der im elften Haus ins Quadrat zum Saturn zu stehen kommt. Eine ähnliche Anordnung beobachten wir, was die Zeichenstellungen anbelangt, auch bei Margaret Thatcher, wobei die Planeten, die den Neumond in Jungfrau begleiten – in Form einer auf 2 Grad genauen Konjunktion mit Mars und Opposition zum Uranus – völlig anderer Natur sind. Gemeinsam war aber beiden Staatsführern eine grosse Unterstützung im Volk, welche der charismatischen Ausstrahlung zu verdanken war, die der Neumond im elften Haus vermittelt. Andere Beispiele aus der

Musikszene sind David Bowie (siehe *Fig. 7* und *Fig. 8* auf S. 62/63) und Janis Joplin, mit Sonne und Neumond in beiden Fällen im Steinbockzeichen.

Sonne im kardinalen, Neumond im veränderlichen Haus

Mit der Sonne in einem kardinalen Haus ist nach landläufiger Auffassung die Motivation und die Kraft, etwas in Gang zu setzen, recht ausgeprägt. Man fackelt nicht lange, sondern schreitet schnell zur Tat. Dies geschieht auf unterschiedliche Weise, je nachdem, ob es sich um das erste, vierte, siebte oder zehnte Haus handelt, aber die Tatsache, dass diesen Häusern bei der Deutung des Horoskops eine besondere Bedeutung zukommt, ist Ausdruck der Gesetzmässigkeit, dass Planeten, die sich in diesen Bereichen befinden, besonders spürbar nach aussen zum Ausdruck kommen. Verbindet sich diese Durchsetzungskraft mit dem Neumond in einem veränderlichen Haus, so richtet sich die vorhandene karmische Motivation auf Erkenntnisprozesse. In den veränderlichen Häusern zweifelt man aber, ob die eingeschlagene Richtung die richtige ist und die Dinge nicht auch von einer völlig anderen Seite betrachtet werden könnten. Dies schafft eine Differenziertheit, die

Fig. 14

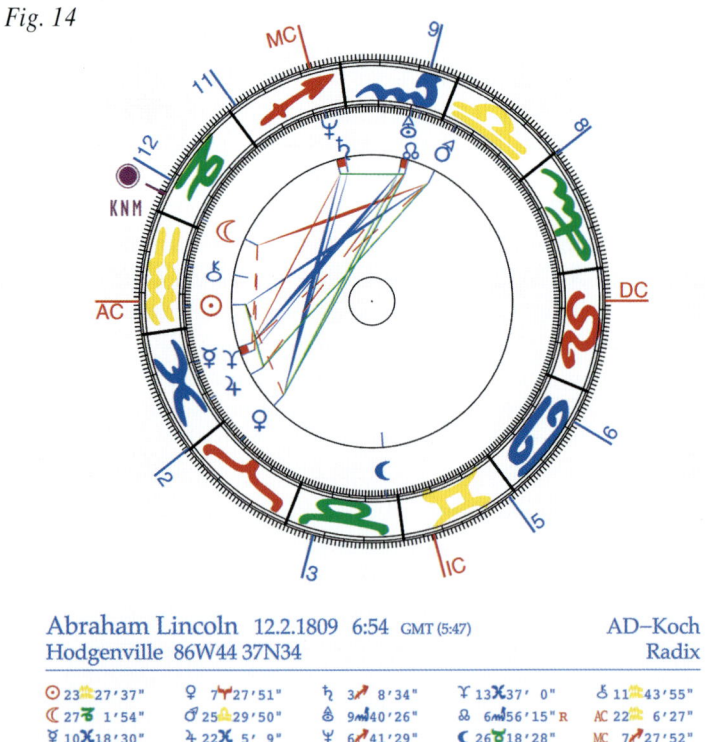

Abraham Lincoln

Kommunikationsprozesse begünstigt, indem man von anderen hören will, wie sie die Dinge beurteilen. Allerdings kann die intensive Beschäftigung mit prinzipiellen Fragen von richtig oder falsch auch dazu führen, dass die im kardinalen Haus angesiedelte Sonne über eine besonders dezidierte Meinung zum Ausdruck kommt. Je nach Häuserkombination macht man unterschiedliche Beobachtungen:

Mit der **Sonne im ersten Haus** und dem Neumond im zwölften kommt der individuelle Ausdruck recht kraftvoll zur Geltung, wie wenn die Person bereits zuvor einiges an Zeit damit verbracht hätte, sich eine klare Meinung zu bilden. Eine aussergewöhnliche Figur ist mit der Sonne am Aszendenten in Wassermann der US-Präsident **Abraham Lincoln,** der in der schwierigen Zeit des Bürgerkriegs auf der Seite der Nordstaaten den Krieg gegen die abtrünnigen Südstaaten organisieren musste und sich gleichzeitig aktiv um Möglichkeiten zur Versöhnung bemühte. Unter ihm fanden die Vereinigten Staaten mit der Abschaffung der Sklaverei den Weg in die moderne Welt. Der Neumond ereignete sich auf 26 Grad Steinbock, in Konjunktion mit Lincolns Radix-Mond im zwölften Haus und im Quadrat zu seinem Mars – ein Symbol für das Volk, welches zu den Waffen greift und den Bürgerkrieg auslöst. Das Radixhoroskop Abraham Lincolns ist in *Fig. 14* abgebildet.

Das zwölfte Haus kann bekanntlich auch mit Unordnung und Chaos zu tun haben, eine Situation, die die Sonne im ersten Haus durch resolutes und zielstrebiges Vorgehen zu überwinden sucht. Dabei kann aber die Gefahr bestehen, dass man übers Ziel hinausschiesst und nur eine Meinung gelten lässt. Eine Affinität dazu scheinen die Volkstribune Silvio Berlusconi und Christoph Blocher zu zeigen, mit Konstellationen die eine erstaunliche Ähnlichkeit aufweisen. In beiden Fällen steht die Sonne am Aszendenten im Waagezeichen und der Neumond im zwölften Haus, bei Blocher ebenfalls in Waage und bei Berlusconi in Jungfrau, bei letzterem in weiter Konjunktion mit Neptun und in Opposition zum Saturn.

Mit der **Sonne im vierten Radixhaus** und dem Neumond im dritten verbindet sich der Wunsch nach Geborgenheit durch Pflege von familiären Banden und einer nährenden Häuslichkeit mit der karmischen Motivation, im Austausch mit anderen zu stehen und vielfältige Kontakte zu pflegen, die stimulierend wirken. Ein in jeder Hinsicht klassisches Beispiel für diese Kombination ist **Rupert Murdoch** mit Sonne, Merkur und Lilith im Fischezeichen und im vierten Haus (siehe *Fig. 15*), verbunden mit dem karmischen Neumond in Wassermann, der ins dritte Haus fällt und in der Halbsumme zwischen Venus und Uranus steht. Ein besseres Beispiel für die Errichtung eines Familienimperiums im Medienbereich kann man sich kaum vorstellen. Andere

Fig. 15

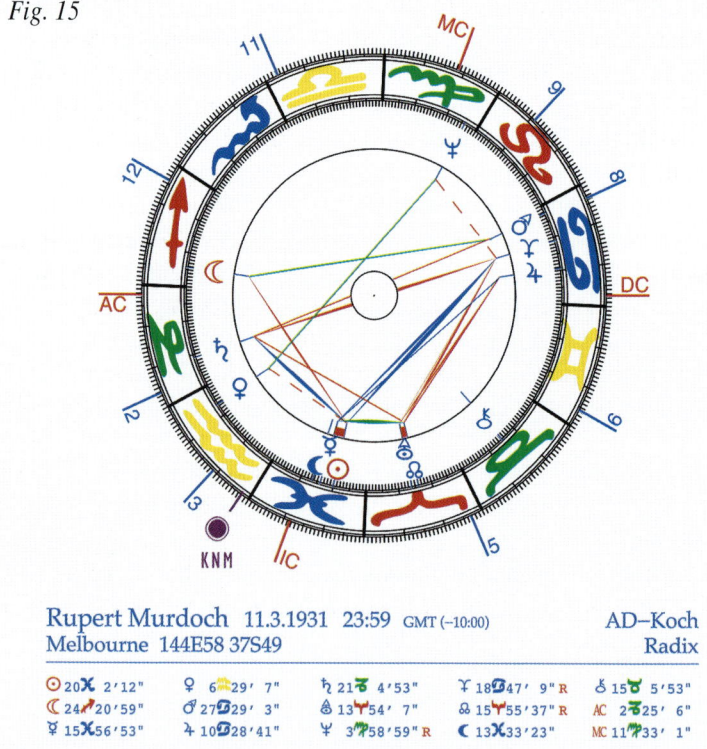

Beispiele für diese Kombination sind Juri Gagarin und Justin Bieber. Mit Erstaunen lässt sich feststellen, dass alle diese Beispiele, die nicht nach Zeichenkriterien ausgesucht wurden, die Sonne im Fischezeichen im vierten Haus und den Neumond in Wassermann im dritten Haus haben, und alle sich durch kommunikative oder mobilitätstechnische Leistungen völlig unterschiedlicher Art ausgezeichnet haben.

Mit der **Sonne im siebten Haus** ist ein starkes Bedürfnis vorhanden, vom Gegenüber wichtig und ernst genommen zu werden. Beruflich begünstigt diese Stellung vor allem Berater, Politiker und auftretende Künstler. Dabei motiviert der Neumond im sechsten Haus dazu, das was man tut als Arbeit zu betrachten, die nie wirklich abgeschlossen ist. So geht es vor allem um Vervollkommnung, Reinigung und Befreiung von Schuldgefühlen durch Aktivität und Tatkraft, auch wenn das nicht in jedem Fall bewusst sein dürfte. Wird eine Haltung des Dienstes an der Sache oder am Nächsten eingenommen, kann diese Konstellation konstruktiv zum Ausdruck kommen, aber es besteht zuweilen die Gefahr, dass das Bedürfnis «Gebraucht zu werden» eine Dominanz erlangt, die eine Abwendung des Gegenübers als unerträglich erscheinen lässt. Beispiele für diese Kombination bietet das Horokop C. G. Jungs, mit der Sonne im siebten Haus im Löwezeichen und dem Neumond in Konjunktion mit dem Merkur in Krebs im sechsten Haus sowie jenes der Schauspielerin Sharon Tate, mit der Sonne im siebten Haus (Opposition Pluto) und dem Neumond in Steinbock im sechsten Haus, Opposition Lilith. Diese Kombination finden wir auch bei Adolf Hitler, mit der Sonne in Stier im siebten Haus und dem Neumond in Widder in sechs, Quadrat Jupiter und Trigon Mars.

Die **Sonne im zehnten Haus** schafft gute Möglichkeiten, sich gesellschaftlich zu profilieren und zu einer Autorität heranzuwachsen. Mit dem Neumond im neunten Haus ist gleichzeitig eine starke Motivation vorhanden, Wissen anzuhäufen und auf diese Weise zu eigenen Erkenntnissen zu gelangen, über welche man sich, mit der Sonne im zehnten Haus, einen Namen macht. Prominente Beispiele für diese Kombination sind Johann Wolfgang Goethe mit Sonne/Lilith in Jungfrau am MC und dem Neumond im neunten Haus in Löwe, Opposition Uranus und Quadrat Saturn sowie Albert Einstein mit der Sonne in Fische im zehnten Haus und dem Neumond, ebenfalls im Fischezeichen, im neunten Haus und Opposition Uranus. Zu dieser Gruppe gehört auch der Psychiater und Begründer der Psychosynthese, Roberto Assagioli, mit – wie Einstein – der Sonne in Fische am MC und dem Neumond im neunten Haus, aber in Wassermann und Quadrat Neptun.

B) Das Karmische Neumond-horoskop als solches

In einem ersten Schritt sind wir vom Radixhoroskop ausgegangen um zu eruieren, was der karmische Neumond in diesem bewirkt und wie dies zu Informationen führt, die die Deutung des Geburtshoroskops hinsichtlich karmischer Motivationen ergänzen. Nun wenden wir uns als nächstes dem Karmischen Neumondhoroskop als solchem zu, indem wir dessen Struktur und Aussagekraft als separate Entität studieren. Im Normalfall haben wir es dabei mit einer häusermässig völlig anderen Anordnung der Planeten zu tun, und auch wenn wir bestimmte Aspektfiguren zwischen Langsamläufern, die uns vom Radixhoroskop vertraut sind, wiedererkennen, so beobachten wir auch weniger vertraute Figuren, die dadurch gebildet werden, dass sich die Schnellläufer im Neumondhoroskop an einer anderen Stelle befinden. Solche Entdeckungen machen wir vor allem dann, wenn zwischen dem Zeitpunkt, zu welchem sich der vorgeburtliche Neumond ereignete und dem Geburtstag mindestens einige Tage oder gar Wochen liegen.

Bei unseren Studien betrachten wir das Karmische Neumondhoroskop als Matrix und Grundthematik dieser Inkarnation und wenden uns dabei in besonderem Masse der Stellung des Neumondes im Haus des Karmischen Neumondhoroskops zu, in welches dieser fällt. Dabei interessieren uns neben der Häuserstellung insbesondere die Aspekte, die der karmische Neumond zu anderen Planeten des Neumondhoroskops bildet. Die Erfahrung zeigt, dass sich aus Häuserstellung und Aspektanordnung im Allgemeinen einige der wesentlichsten Aussagen zur Motivation machen lassen, warum wir uns in dieses Leben inkarnierten.

Als nächstes untersuchen wir aber auch, ob im Neumondhoroskop bestimmte Aspektfiguren erkennbar sind, die im Radix in dieser Form nicht vorkommen. Dies kann sowohl damit zu tun haben, dass Langsamläufer zur Zeit des vorgeburtlichen Neumondes Aspekte bildeten, die bis zum Geburtstag aus dem akzeptablen Orb heraustraten oder – im häufigeren Fall – Schnellläufer zu anderen Aspektfiguren als im Radixhoroskop führten.

Um eine überblickbare Struktur beizubehalten konzentrieren wir uns bei der Deutung auf die Häuser- und Aspektkonfiguration des Neumondes, auf Aspektfiguren, die uns vom Radixhoroskop her nicht bekannt sind, und auf die Informationen, die die Aszendent/Deszendent-Achse im Neumondhoroskop beisteuern.

Schliesslich wird jenen Planetenfiguren des Karmischen Neumondhoroskops besondere Bedeutung beigemessen, die durch Planeten des Geburtshoroskops in Form einer Konjunktion, Opposition oder eines Quadrates ausgelöst werden.

Wir beginnen unsere Analyse mit der Stellung des Neumondes im jeweiligen Haus des Karmischen Neumondhoroskops.

Der Neumond in den zwölf Häusern des Karmischen Neumondhoroskops

Zusammen mit dem Zeichen, in welchem der karmische Neumond stattfindet, ist das Haus, in welchem er sich im Karmischen Neumondhoroskop ereignet, von ausschlaggebender Bedeutung. In diesem Bereich sind wesentliche vorgeburtliche – karmische – Motivationen angesiedelt, die man bei der Deutung des Horoskops und des Lebensweges miteinbeziehen sollte. Dabei sind diese Häuserstellungen von jenen, die sich ergeben, wenn man den Neumond ins Radixhoroskop überträgt, zu unterscheiden. Die Häuserstellung des Neumondes im Karmischen Neumondhoroskop ist früheren Datums und entspricht noch nicht der Phase, in der es in Verbindung mit dem Geburtshoroskop darum geht, welche der grundlegenden Motivationen, mit denen wir auf die Welt kommen, sich tatsächlich im Kontext der Geburtskonstellationen umsetzen lassen. Während der karmische Neumond, übertragen aufs Radixhoroskop, praktisch nur ins Haus der Sonne oder ins vorhergehende Haus fallen kann, ist für die Häuserstellung des karmischen Neumondes im KN-Horoskop grundsätzlich jede Position möglich.

Der Neumond im ersten Haus

Mit dieser Stellung ist es wichtig, einen eigenen Weg gehen und eine Vorreiterrolle einnehmen zu können, indem Eigenständigkeit, Mut und Kampfgeist entwickelt werden. Dabei geht es darum, die eigene Individualität zur Entfaltung zu bringen und dies bedeutet Risiken einzugehen, indem man Dinge tut, von denen man nicht im Voraus mit Sicherheit wissen kann wie sie herauskommen. Neuland zu betreten oder exponiert im Mittelpunkt zu stehen sind herausfordernde Situationen, welche die Bereitschaft voraussetzen, immer wieder zu wählen und zwischendurch auch unbequeme Entscheidungen zu fällen. In diesem Zusammenhang ist es wichtig Hindernisse, welche in Verbindung mit der eigenen Durchsetzung erlebt werden, nicht anderen anzulasten. Mit Begeisterung, der Motivation sich selbst zum Ausdruck zu bringen und einem gewissen Mass an Selbstdisziplin kommt man am besten über die Runden.

Die Kraft dieser Konstellation lässt sich besonders in Berufen einsetzen, welche ein pionierhaftes Vorgehen erfordern und in denen es darum geht, neues Territorium zu betreten. Wohltuend ist das Gefühl, sich im Zusammenhang mit neuen Projekten immer wieder im Leben zu behaupten und zu bewähren.

Beispiele: Zu den Staatschefs mit dieser Konstellation gehören **Winston Churchill,** mit Neumond in Skorpion, Opposition Pluto und Quadrat Uranus (siehe *Fig. 16*), dessen Rede vom 13. Mai 1940, «Blut, Schweiss und Tränen», zum Fanal des Widerstandes gegen das sich in Europa rasch ausdehnende Nazi-Deutschland wurde und Margaret Thatcher, «Die Eiserne Lady», mit Neumond in Jungfrau, Konjunktion Mars Opposition Uranus. Bei den Sängern und Musikern finden wir Pioniere einer neuen Form des Ausdrucks wie Jimi Hendrix, mit Neumond in Skorpion, Konjunktion Venus und Halbquadrat Neptun sowie Janis Joplin, mit Neumond in Steinbock, Opposition Lilith/Jupiter und im Aspekt zu Mars und Uranus; bei den Schauspielern Sean Connery, mit Neumond in Jungfrau, Konjunktion Neptun, Selma Hayek, mit Neumond in Löwe Quadrat Neptun, dem gleichzeitig als Sänger tätigen Uwe Ochsenknecht, mit Neumond in Schütze, Konjunkti-

Fig. 16

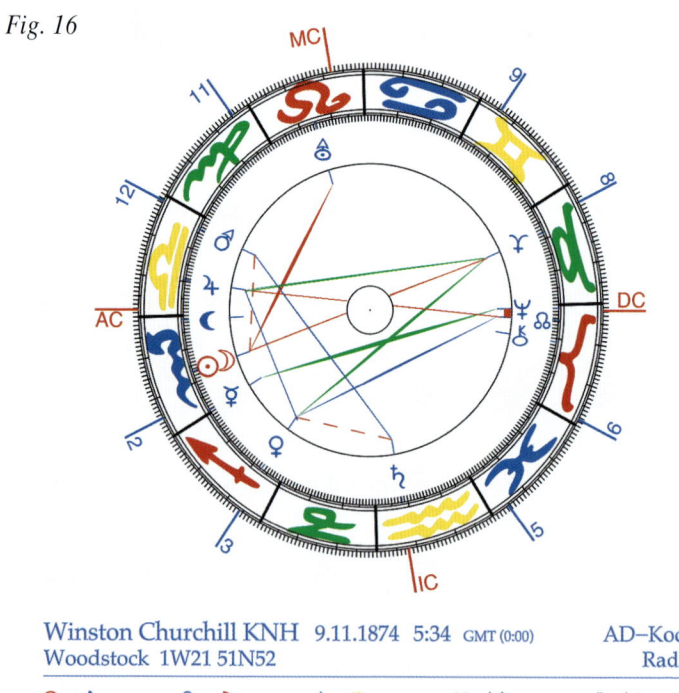

Winston Churchill

on Merkur und in der Halbsumme von Venus und Saturn, Sharon Tate, mit Neumond in Steinbock Opposition Lilith und Charlize Theron, mit Neumond in Krebs, Konjunktion Saturn und Quadrat Jupiter. Zu den Menschen, die sich auf ihrem Gebiet pionierhaft profiliert haben, zählen der Dichter Johann Wolfgang Goethe, mit Neumond in Löwe, Opposition Uranus und Quadrat Saturn (*Fig. 32* auf S. 123) sowie der Psychiater und Bewusstseinsforscher Stanislav Grof, mit dem Neumond in Zwillinge, Quadrat Lilith und im Aspekt zu Jupiter und Saturn.

Der Neumond im zweiten Haus

Mit dem karmischen Neumond im zweiten Haus spielen Geld, Besitz und Sicherheit eine wichtige Rolle im Leben. Man will seine Talente nutzen, um sich etwas aufzubauen, sich etwas leisten zu können und die angenehmen Seiten des irdischen Daseins zu geniessen. Das Interesse an Dingen und Funktionen, die einen praktischen Nutzen haben, an Natur und Wachstum oder an dem Wert, den Arbeit, Statussymbole oder Konsumgüter in der Gesellschaft haben, kann schon früh zu wichtigen Erfahrungen im Zusammenhang mit Vermögen, Fülle und Besitz oder Mangel und Entbehrung, Gewinn oder Verlust, Lob und Bestätigung oder Kritik, Neid und Gier geführt haben. Man will sich auf der sicheren Seite bewegen, sodass man sich mit Fleiss und Verantwortungssinn einer Aufgabe widmet, die es einem ermöglicht, die Früchte der eigenen Arbeit einzufahren. Damit ist man für die praktischen materiellen Aufgaben, die das Leben bereithält, gut gerüstet. Man braucht aber auch genügend Zeit, Übung und Wiederholungen sowie sichere und verlässliche Strukturen, damit die eigenen Begabungen voll entfaltet werden können.

Die frühe Beschäftigung mit Fragen von Materie und Substanz, aber auch den Wünschen, die auf die Menschen eine grosse Sogkraft ausüben, kann auch auf eine philosophische Auseinandersetzung mit Fragen des Begehrens und des Habens ausmünden. Im Übrigen profitieren jene Tätigkeiten von dieser Konstellation, die durch sorgfältigen, realistischen Aufbau einer Karriere zu einem beständigen Einkommen, beziehungsweise einer sicheren Versorgung mit Substanz – materiell, seelisch oder geistig - führen. Dies kann mit einer Tätigkeit

Fig. 17

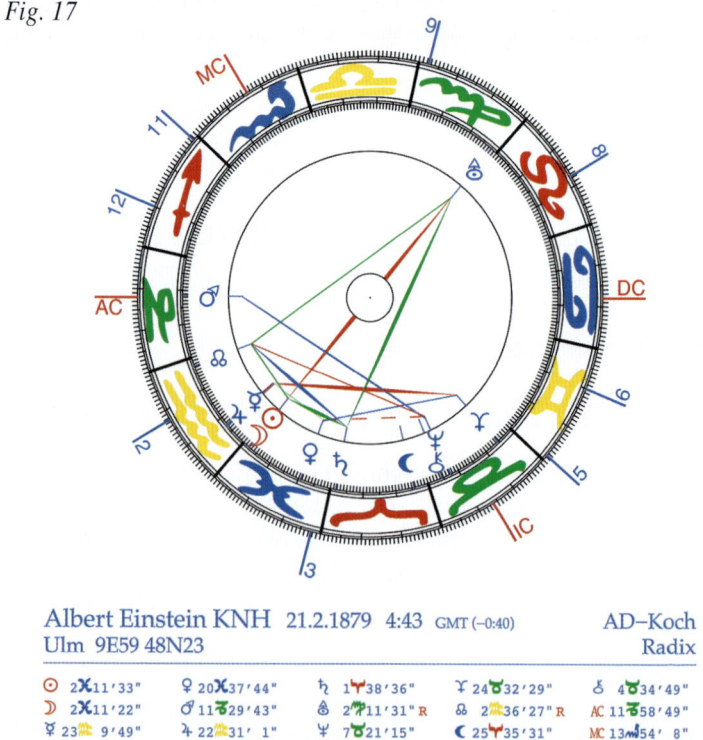

in der Verwaltung oder in grossen Organisationen mit stabilen hierarchischen Strukturen zu tun haben, aber auch mit der Verwaltung von Geldern im Bereich des Bank- oder Anlagewesens und Aktivitäten im Umgang mit Kunst sowie wertvollen und schönen Dingen. Wenn man das Gefühl hat, am Aufbau von sicheren Werten teilzuhaben, fühlt man sich im Element.

Dieser Konstellation kann auch entsprechen, dass man in besonders reiche oder arme Verhältnisse hineingeboren wurde und für sich entscheiden musste, ob den mit dem Elternhaus verbundenen Werten und Traditionen die Treue gehalten wird oder ob man für sich eigene Wertmassstäbe und Ziele definiert.

Beispiele: Zu den Politikern, Staatsmännern und Landesfürsten mit dieser Häuserstellung gehören Reichskanzler Otto von Bismarck, mit Neumond in Fische, Konjunktion Pluto und Quadrat Neptun; Kaiser Wilhelm II., mit Neumond in Steinbock, Konjunktion Lilith Quinkunx Jupiter und Quinkunx Saturn sowie Ronald Reagan, mit Neumond in Wassermann, Quadrat Jupiter und Anderthalbquadrat Pluto. Wir finden auch zwei Persönlichkeiten, die auf ihrem Gebiet mit der Auflösung der Allgemeingültigkeit der konkreten Form und der Materie zu Beginn des 20. Jahrhunderts prägende Akzente gesetzt haben: **Albert Einstein** (Neumond in Fische, Opposition Uranus und Semisextil Saturn, siehe *Fig. 17*) mit der Entdeckung der Formel, wie sich Materie in Energie umwandeln lässt, und Pablo Picasso (mit Neumond in Waage, Semisextil Venus Quinkunx Pluto), der als Exponent der abstrakten Malerei die Auflösung der konkreten Form vorantrieb.

Der Neumond im dritten Haus

Mit dem karmischen Neumond im dritten Haus spielen soziale Kontakte eine wichtige Rolle und es ist ein starker Drang vorhanden, sich mit Menschen auszutauschen und Dinge zu lernen, die zu neuen Erkenntnissen führen. Wissbegierig, neugierig, aufgeschlossen und an allem Möglichen interessiert, ist man auf der Suche nach neuen Eindrücken und Stimuli. Insofern spielen die ersten Beziehungen zu Geschwistern, zu nahen Verwandten und Bekannten, zu Nachbarn und in der Schule zu Lehrern und Mitschülern eine wichtige Rolle.

Aus einer schon früh eingenommenen kommunikativen Haltung kann eine grosse Redegewandtheit hervorgehen, die es ermöglicht sich in Diskussionen, die auf Logik und Argumenten beruhen, durchzusetzen. Aufgrund einer Tendenz zur Vielfalt neigt man aber auch dazu, vieles offen zu lassen, indem man sich nicht festlegt und nicht allzu ausschliesslich auf ein bestimmtes Gebiet konzentriert.

Auch für Fragen der Mobilität, des Verkehrs und der Distribution kann ein grosses Interesse bestehen. Dies mag dazu führen, dass die berufliche und gesellschaftliche Verwirklichung in einem Bereich gefunden wird, der in irgendeiner Weise mit Sprache, Kommunikation, Informationsvermittlung oder Handel zu tun hat, wenn nicht gar neue Formen des Ausdrucks und der Vermittlung von Informationen gesucht und gefunden werden. In geschäftlichen Tätigkeiten (Austausch von Waren oder Dienstleistungen) kann die Fähigkeit zur raschen Kommunikation verschiedener Informationen und Fakten zu eindrücklichen Resultaten führen. Die vorhandene Schnelligkeit im Kombinieren fördert auch journalistische Aufgaben sowie alles, was mit Netzwerken oder anwaltlichen Tätigkeiten zu tun hat.

Beispiele: Tatsächlich findet man zahlreiche Beispiele von Verwirklichungen im Bereich des Denkens, der Philosophie oder der Entwicklung eines besonderen Weltbildes zur Erklärung der Realität. So Immanuel Kant, mit Neumond in Widder, Konjunktion Chiron («Die Kritik der reinen Vernunft») oder die Theosophin **Helena Blavatsky**

Fig. 18

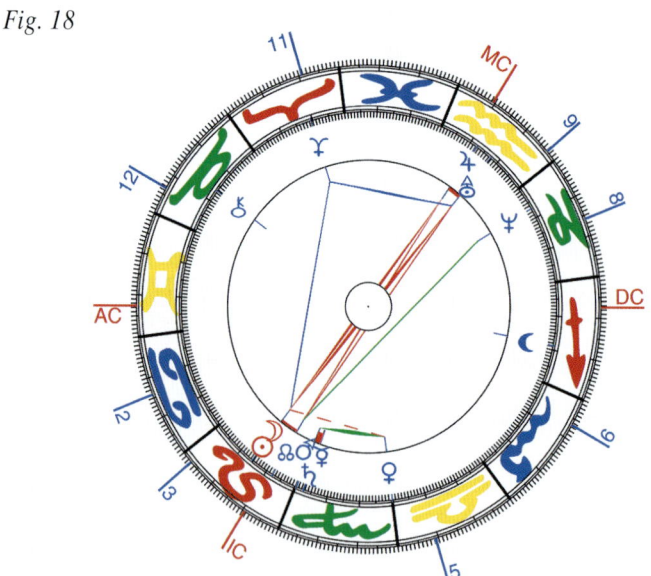

(Fig. 18), die sich mit Neumond in Löwe, Opposition Jupiter/Uranus schon früh dazu entschloss, Ehemann und Familie zurückzulassen, um aufgrund zahlreicher Reisen zu alten Meistern und daraus gewonnenen Erkenntnissen eine «Geheimlehre» zu entwickeln, die sie einer grossen Zahl von Adepten verkündete. Walt Disney, mit Neumond in Skorpion Konjunktion Lilith, kann man als jemanden betrachten, der mit der erfolgreichen Entwicklung von Trickfilmen und entsprechenden Figuren («Donald Duck» und «Mickey Mouse») neue Wege der Kommunikation beschritt. Als Pionier im Bereich von Reisen ins Weltall kann Juri Gagarin, mit Neumond in Wassermann, Konjunktion Saturn und im Aspekt zu Jupiter, Uranus und Pluto, betrachtet werden, während Che Guevara mit Neumond in Widder, Konjunktion Chiron, als Botschafter der Revolution fungierte, der den Menschen in verschiedenen Ländern Lateinamerikas zu erklären versuchte, warum die sozialen Verhältnisse verändert werden müssen. Auch die Liste von Anwälten, die Politiker wurden, ist lang: zum Beispiel der französische Staatspräsident Jacques Chirac, mit Neumond in Schütze; Hillary Clinton, mit Neumond in Waage oder Richard Nixon, mit Neumond in Steinbock und Nicolas Sarkozy, mit Neumond in Wassermann Konjunktion Chiron. Nicht ausser Acht lassen sollte man Ivana Trump (Neumond in Wassermann Opposition Pluto), deren Beziehung zu Donald zum Entstehen einer Dynastie von Power-Kommunikatoren und -Geschäftsleuten führte, deren Exponent Donald Trump sich 2016 in den USA erfolgreich ins höchste Amt hievte. Man kann Inhalte, Stimmungen und Symbole auch über Musik und Konzerte vermitteln und dies trifft für Wolfgang Amadeus Mozart, mit Neumond in Steinbock, Konjunktion Chiron, Kurt Cobain, mit Neumond in Wassermann, Quadrat Neptun, Tina Turner, mit Neumond in Skorpion, Opposition Uranus und Alicia Keys sowie Justin Timberlake, beide mit der gleichen Neumondkonstellation in Steinbock, Konjunktion Merkur und Quadrat Jupiter/Saturn, zu.

Der Neumond im vierten Haus

Mit dem karmischen Neumond im vierten Haus spielen Geborgenheit, Zugehörigkeit, Familie und Gefühle eine wichtige Rolle. Man wünscht sich eine häusliche Umgebung, in der man auftanken und sich von Belastungen und vom Alltagsstress erholen kann. Auch sind die familiären Prägungen entscheidend und man beschäftigt sich intensiv mit Geschichten, die sich um die eigene Abstammung und Herkunft ranken, aber auch damit, wie gut integriert die eigenen Angehörigen an ihrem Geburts- und Wohnort sind. So ausgeprägt der Wunsch nach einer heilen Familie sein mag, man wird in starkem Masse von den eigenen ersten Wahrnehmungen von Heimat und Familie – intakte oder zerbrochene Verhältnisse, Zuwendung oder Ablehnung, Nestwärme oder Disharmonie – geprägt. Umso intensiver braucht man aufgrund einer sensiblen Veranlagung und einer grossen Sehnsucht nach gefühlsmässiger Nahrung die Nähe und Intimität des gewohnten Umfeldes und vor allem vertrauter Menschen, die sich um einen sorgen. Aufgrund der eigenen Erfahrung, wie wichtig Urvertrauen und heile Wurzeln sind, kümmert man sich auch häufig in besonderem Masse um Angehörige und nahestehende Menschen. Dies kann dazu führen, dass man zwar gelernt hat, im Aussen hart aufzutreten, jedoch über eine sehr bedürftige Seite verfügt, die zuweilen zu Reaktionen führt, die die Umwelt ebenso wie die Person selbst erstaunen.

Diese karmische Motivation kann dazu führen, dass ein besonderer Bezug zur eigenen Familie, Sippe, aber auch zum Ort besteht, an dem man aufgewachsen ist, indem man sich mit den Menschen dieser Gegend auf besondere Art verbunden fühlt. Man kann aber auch verdrängte emotionale Familienkonzepte gleichsam «erben», sodass man immer wieder gefordert wird, sich nach innen zu wenden, um sich mit der eigenen Kindheit und Vergangenheit sowie dem Leben seiner Ahnen auseinanderzusetzen.

Neben sozialen und psychologischen Berufen kann man mit dieser Konstellation eine Karriere im Bereich des Personalwesens anstreben. Über einen Beruf, der mit Architektur oder Einrichtungen zu tun hat, kann man im Weiteren das eigene Interesse an häuslichen Fragen zum Ausdruck bringen, während eine Tätigkeit in Verbindung mit Geschichte und Vergangenheitsforschung dem eigenen Wunsch entsprechen kann, sich mit Herkunft und Ursprung auseinanderzusetzen.

Beispiele: Der Regisseur und Filmschauspieler Woody Allen, mit dem Neumond in Schütze, Konjunktion Jupiter Quadrat Saturn, zeigt eine ganze Reihe von Entsprechungen des vierten Hauses. In Brooklyn aufgewachsen, fühlt er sich in sehr starkem Masse mit der Stadt New York verbunden und es ist offensichtlich, dass er in einer ganzen Reihe von Filmen eigene Familienthemen aufarbeitet. Vielsagend sind schon bestimmte Titel seiner Filme wie «Der Stadtneurotiker» oder «Innenleben». Man wird aber auch das Bild nicht vergessen, das Woody Allen abgab, als er noch mit Mia Farrow zusammen war und die beiden mit einer ganzen Schar von Adoptivkindern durch New York zogen. Als er 1992 mit der 21-jährigen Adoptivtochter Farrows, Sun-Yi

Previn, eine intime Beziehung einging – was die Partnerschaft mit Mia Farrow beendete – und die beiden 1997 heirateten, adoptierten sie ebenfalls gleich zwei Töchter. Mehr als ein Jahrzehnt musste man in der Folge warten, um eine ähnliche Schar von Adoptivkindern wie beim Paar Woody Allen und Mia Farrow beim Schauspielerpaar Angelina Jolie und Brad Pitt erleben zu können. Dabei macht man die Feststellung, dass Angelina Jolie den Neumond bezeichnenderweise ebenfalls im vierten Haus hat, in ihrem Fall im Stierzeichen und im Aspekt zu Mars und Pluto. Andere recht populäre Filmschauspieler und Filmschauspielerinnen mit Neumond im vierten Haus sind: Halle Berry (Krebs, Trigon Neptun), George Clooney (Widder, Konjunktion Venus Quadrat Mars Quadrat Saturn), Richard Gere (Jungfrau, Konjunktion Saturn) und Uma Thurman (Widder, Anderthalbquadrat Neptun und Trigon Lilith).

Wie sich eine solche Konstellation in der Politik manifestieren kann, zeigt das Beispiel des US-Präsidenten George W. Bush, mit Neumond im vierten Haus und in Krebs Quadrat Neptun. Zwei Tage nach dem Geburtstag der USA geboren (am 6. Juli) fanden viele Amerikaner zur Zeit des Wahlkampfes trotz schwachem Leistungsausweis George Bush sympathischer als der besser ausgewiesene, aber als belehrend empfundene Al Gore. Als Bush dann mit zusätzlicher Hilfe des obersten Gerichts US-Präsident wurde, erlebten die USA unter seiner Präsidentschaft mit 9/11 die grösste Bedrohung ihrer neueren Geschichte nach Pearl Harbour, indem ihr Gefühl von Geborgenheit schwer erschüttert wurde. In dieser Situation erlebte George W. Bush als Vater des Landes eine ungeheure Popularitätswelle. Diese veranlasste ihn jedoch ohne Verzug dazu, über die Politik eine eigene Familiengeschichte auszutragen, indem er unmittelbar nach 9/11 damit begann, den Irakkrieg zu planen, den er 1 ½ Jahre später startete, um in der Konfrontation mit Saddam Hussein, wie von vielen kritisiert, «die Arbeit seines Vaters George Bush, die dieser nicht vollendet hatte, zu beenden» indem er Saddam Hussein definitiv ausschaltete.

Mit dem Neumond im vierten Haus kann man eine grosse Volksnähe zeigen und dies konnte man auch beim russischen Präsidenten Boris Jelzin, mit Neumond in Steinbock, beobachten, als er den Putschversuch gegen Gorbatschow und die Führung der Sowjetunion bezwang. In der Musik gibt es mit dieser Stellung die zwei «nationalen Heiligtümer» Bob Marley (Jamaika) und Elvis Presley (USA), beide mit Neumond in Steinbock.

Die sogenannten «sozialen Netzwerke» sind eine moderne Ausgestaltung eines Wunsches nach Familie, Bezogenheit und Geborgenheit, nach einem Ort, wo man sich aufgrund von «Likes» mit jenen Menschen verbinden kann, die man mag oder die einen mögen. So erstaunt es nicht, dass wir in dieser Gruppe auch **Mark Zuckerberg** *(Fig. 19)* vorfinden, Gründer und Vorstandsvorsitzender von Facebook, mit Neumond in Stier Opposition Saturn (von Zuckerberg gibt es bisher keine bekannte Geburtszeit, aber es braucht eine solche nicht, um ein Neumondhoroskop mit Häusern zu berechnen). Schliesslich steht auch bei Roberto Assagioli, dem Begründer der Psychosynthese, der Neumond im vierten Haus und zwar in Wassermann und Quadrat Neptun und dies gilt ebenfalls für Zeitungsmagnat Rupert Murdoch, mit dem Neumond in Wassermann, in der exakten Halbsumme zwischen Venus und Uranus.

Der Neumond im fünften Haus

Der karmische Neumond im fünften Haus erzeugt einen starken Drang nach Selbstverwirklichung, Kreativität, Spontaneität und Lebensfreude. Man will etwas tun, das einem am Herzen liegt, mit dem

Fig. 19

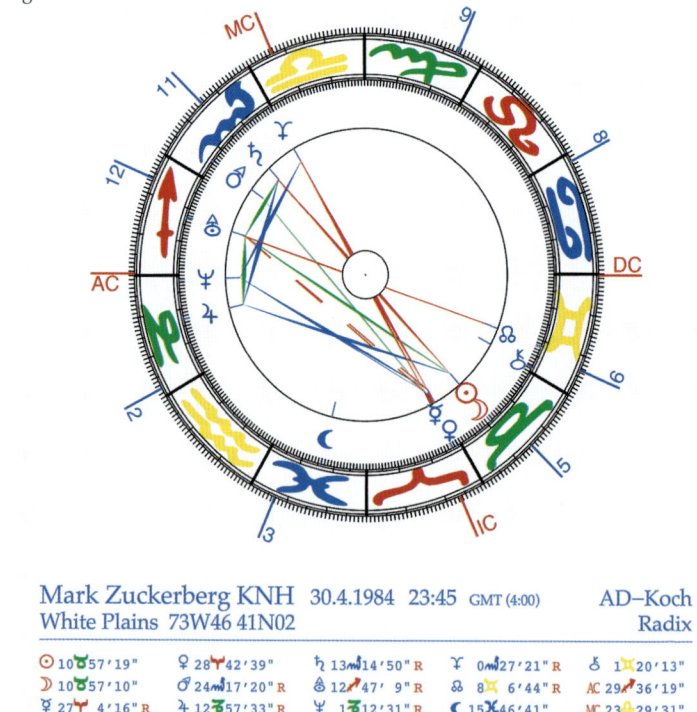

man sich identifizieren kann und das mit ausreichend Raum und Freiheit verbunden ist, um aus dem Moment heraus kreativen Impulsen folgen zu können. Dies kann sich in einer künstlerischen oder schauspielerischen Tätigkeit niederschlagen wie auch in einer Arbeit, in der man in grosser Selbständigkeit neue Ideen einbringt. Die Konstellation kann aber auch über ein Verhalten zum Ausdruck kommen, welches Spass, Lebensfreude und Selbstbestimmung an oberste Stelle setzt, sodass es schwerfällt sich unterzuordnen, Kritik zu akzeptieren oder täglich anfallenden Routinepflichten nachzukommen.

Dank der mit dieser Stellung vorhandenen Lebensfreude und einer grundsätzlich positiven Einstellung zur Zukunft gelingt es jedoch meist mühelos, Menschen für sich einzunehmen und für die eigenen Ziele, Anliegen und Visionen zu begeistern. Dabei geniesst man es im Mittelpunkt zu stehen und dies fördert sowohl schauspielerische als auch Führungsqualitäten. Man verfügt über gute Voraussetzungen, um das eigene Hobby zum Beruf zu machen, besitzt Unternehmungsgeist und fühlt sich immer dann besonders stark und überzeugend, wenn man authentisch auftreten kann. Zu dieser Konstellation gehört häufig eine besondere schicksalhafte Verbindung mit Kindern und dies mag einem lehrenden Beruf zugutekommen, insbesondere wenn man damit die Möglichkeit hat, junge Menschen in ihrem individuellen Lebensweg zu unterstützen. Im Übrigen ist es denkbar, dass man immer wieder in Situationen gerät in denen abzuwägen ist, ob äusserer Beifall oder Treue zu sich selbst wichtiger sind.

Beispiele: Wie zu erwarten findet man mit dieser Konstellation besonders viele Schauspieler, Sänger und Künstler sowie Persönlichkeiten aus dem Showbusiness. Zu den Schauspielern gehört das frühere Hollywood-Traumpaar Jennifer Aniston und Brad Pitt. Aniston mit dem Neumond im Steinbockzeichen, Trigon Pluto und Sextil Neptun, und Brad Pitt im Schützezeichen, in der Halbsumme von Venus und Lilith. Einer der offiziellen Gründe für die Trennung von Aniston, den Brad Pitt im Jahre 2005 angab, war sein Wunsch nach Familie, während sie zu jenem Zeitpunkt angeblich ihrer Karriere den Vorzug gab und noch keine Kinder wollte. Diese Konstellation haben auch Johnny Depp und Vanessa Paradis, ein weiteres berühmtes Musiker- und Schauspielerpaar, das von 1998 bis 2012 liiert war. (Bei Johnny Depp steht der Neumond in Zwillinge, Konjunktion rückläufiger Merkur und Quadrat Uranus, bei Vanessa Paradis in Schütze, Opposition Saturn.) Inzwischen ist auch diese Beziehung vorbei, ebenso wie die nächsten beiden Beziehungen von Brad Pitt (mit Angelina Jolie) und

Johnny Depp (mit Amber Heard), wobei in diesem Spiel Brad Pitt offensichtlich das Nachsehen hat, wenn sich die Gerüchte bestätigen, dass die zurzeit noch mit ihm verheiratete Angelina Jolie mit Depp ein Verhältnis haben soll – ein weiteres Beispiel das die These bestätigt, wonach es im fünften Haus um Selbstdarstellung, Romanzen, Spiel, Spass und Kinder geht.

Weitere Beispiele von Schauspielern, Sängern und Personen aus dem Showbusiness mit dem Neumond im fünften Haus sind: Mia Farrow, mit dem Neumond in Steinbock, im Aspekt zu Venus und Uranus; **Madonna,** mit dem Neumond in Löwe, in der Halbsumme von Uranus und Pluto *(Fig. 20);* die französische Sängerin Edith Piaf, mit dem Neumond in Schütze, Konjunktion Merkur; der Musiker und Fashion Designer Kanye West, mit dem Neumond in Stier, Konjunktion Lilith und der Talkshow-Star Oprah Winfrey, mit Neumond in Steinbock, Konjunktion Merkur/Venus/Chiron Quadrat Lilith und Opposition Uranus. Als Künstler und erfolgreicher Selbstdarsteller wäre im Weiteren der Maler Salvador Dalí, mit Neumond in Widder, zu erwähnen und auch der Tennisspieler Rafael Nadal, mit Neumond in Stier, Trigon Mars, Sextil Jupiter fällt in diese Kategorie.

Fig. 20

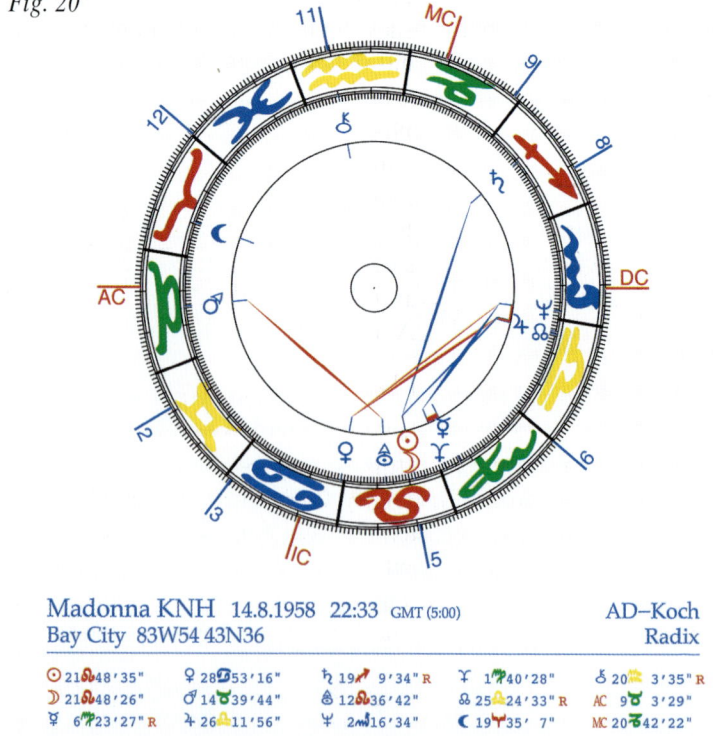

Schliesslich erstaunt es nicht, die berühmte Investorenlegende Warren Buffet, mit Neumond in Jungfrau, Konjunktion Neptun, in dieser Gruppe vorzufinden. Ihm fehlt zwar jegliche Grossspurigkeit des Auftretens und er zeichnet sich durch ausgesprochene Bescheidenheit aus, aber das fünfte Haus hat bekanntlich auch mit «Spekulationen» zu tun. So verwundert nicht, dass er als vorsichtiger Value-Investor (Jungfrau) mit dem Neumond in Konjunktion mit Neptun (Erspüren von Trends) zu einem der reichsten Männer dieser Welt wurde.

In Anbetracht der Tatsache, dass die Verfassung der V. Republik es dem Präsidenten ermöglicht wie ein König zu thronen, finden wir auch einen französischen Staatspräsidenten mit dieser Konstellation, interessanterweise ein Sozialist: François Hollande, mit Neumond in Löwe, Quadrat Lilith/Saturn. Wenn man sieht, dass der chinesische Staatspräsident Xi Jinping, mit Neumond in Zwillinge, Sextil Pluto, ebenfalls in diese Gruppe fällt, kann man ein Gefühl dafür bekommen, wie mächtig ein chinesischer Präsident in seiner Verfügungsgewalt sein kann, und man versteht, dass Xi Jinping die Kompetenzen und Privilegien seines Amtes fürstlich auslegt.

Dass wissenschaftliche Entdeckungen – zumindest früher – viel mit einem kreativen Akt zu tun hatten, lässt sich dadurch illustrieren, dass der grosse Physiker Isaak Newton, dem wir die Gesetze der bis zu Einstein geltenden klassischen Physik verdanken, den Neumond ebenfalls im fünften Haus in Steinbock, mit Aspekten zu sämtlichen Langsamläufern, hatte. «Business must be fun» sagen die Amerikaner, wenn sie ihren Geschäften nachgehen, und das Land ist durch den Abenteuergeist und Pionierwillen seiner Einwanderer zu dem geworden, was es heute ist, wobei es sich nach wie vor durch Unternehmertum und Kreativität auszeichnet. Unter solchen Umständen erstaunt es nicht, dass wir den Neumond der USA ebenfalls im fünften Haus und in Zwillinge vorfinden, in Konjunktion mit Jupiter, im Quadrat zum Neptun und im Quinkunx zum Pluto. Der «American Dream» lässt grüssen!

Der Neumond im sechsten Haus

Mit dem karmischen Neumond im sechsten Haus ist eine starke Motivation vorhanden, durch tatkräftigen Einsatz sowie durch Fleiss, Arbeit und die Perfektionierung der eigenen Fähigkeiten und Fertigkeiten zum Funktionieren der menschlichen Gesellschaft beizutragen. Man will sich in einer Tätigkeit verwirklichen, die eine gesicherte Existenzgrundlage vermittelt, und die realistischen Qualitäten, die man mitbringt, schaffen gute Voraussetzungen, um analytisch und mit viel Sorgfalt mit vorhandenen Situationen umzugehen. Allerdings kann man sich mit dieser Stellung auch in der Arbeit verlieren, und es dürfte sich oft die Frage stellen, wieviel man tun und geben will und wann man sich zurückziehen, abgrenzen und erholen muss beziehungsweise zu wieviel Anpassungs- und Verzichtleistungen man bereit sein muss, um zu einer Gemeinschaft zu gehören und ein geregeltes Leben zu führen.

Frühe Prägungen finden dabei im Zusammenhang mit ersten Erfahrungen in sozialen oder familiären Systemen statt, indem ein funktionierender Alltag, reibungslose Zusammenarbeit, Ordnung und Effizienz Auftrieb geben, während systemische Störungen Ungleichgewicht, Unzuverlässigkeit und gegenseitige Kritik den Antrieb, etwas zu bewirken und zu erreichen, unterminieren können. Umso wichtiger sind langfristige Perspektiven, eine sichere Arbeitsstelle, finanzielle Absicherung und ein insgesamt geregeltes Leben. Sorgen, Probleme und belastende Umwelteinflüsse versucht man lösungsorientiert aus dem Weg zu schaffen, wobei man sich Zeit lässt, um wichtige Entscheidungen zu treffen, indem man das Für und Wider sorgfältig abwägt. Der Leitspruch «Zuerst die Arbeit und dann das Vergnügen», zu wel-

Fig. 21

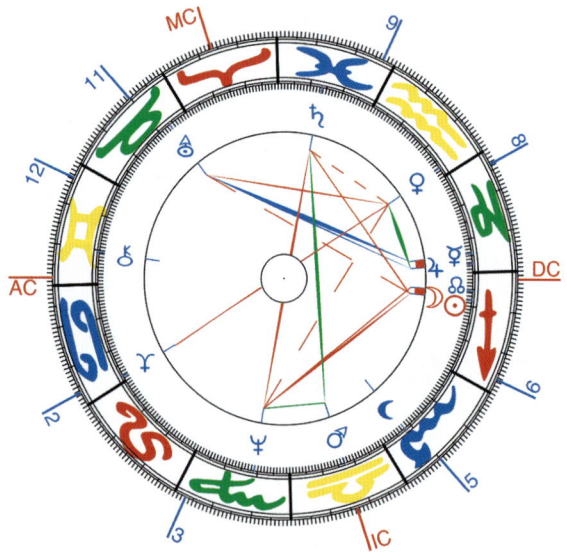

Papst Franziskus

chem man mit dieser Stellung neigt, kann zwar Respekt einflössen, aber auch zu Beschränkungen führen, die auch in Situationen, in denen das möglich wäre, einen daran hindern, spontan dem Lustprinzip zu folgen.

Die Tatsache, dass man sich wenn nötig anpassen und unterordnen kann und über die nötige Bescheidenheit, Ernsthaftigkeit, Geduld und Kollegialität verfügt, um als Teil zum Funktionieren eines grösseren Ganzen beizutragen, kann eine Eignung für handwerkliche Tätigkeiten und eine Arbeit im Bereich von Dienstleistungen oder Gesundheit, Ernährung und Pflege nahelegen. Wichtig ist dabei, dass man sich nicht mit Pflichten überhäuft, worauf der Körper empfindlich reagieren könnte. In einem solchen Fall geht es darum, auf dessen Mitteilungen zu hören und sich zu überlegen, wofür man seine Kräfte einsetzen will, damit die Arbeit nicht zum Selbstzweck wird. Am besten fährt man, wenn man sich mit dem was man tut voll identifizieren kann und dabei erlebt, dass man als Teil einen wichtigen Beitrag zum Funktionieren des Ganzen erbringt. Dies kann vorzugsweise im effizienten Organisieren von Arbeitsabläufen in Unternehmen, im Staatsgefüge, im Dienstleistungssektor, im Gesundheitswesen oder in der Sozialarbeit stattfinden.

Beispiele: **Papst Franziskus,** mit Neumond in Schütze Opposition Chiron, Quadrat Neptun und Quadrat Saturn *(Fig. 21),* ist ein hervorragendes Beispiel für die Haltung gegenüber dem Leben, um die es mit dieser Stellung geht. Nicht bloss für sich schauen, sondern die eigenen Kräfte innerhalb eines grösseren Ganzen zum Wohle der Gemeinschaft und im Namen Gottes oder des Kosmos zum Ausdruck bringen ist die Einstellung, die bei dieser Konstellation und der ihr zugrunde liegenden Motivation angebracht ist. Dies klang auch durch, als der junge amerikanische Präsident John F. Kennedy, mit dem Neumond im sechsten Haus im Stierzeichen, Konjunktion Venus/Merkur und Quadrat Uranus, seinen Landsleuten sagte: «Frage nicht was dein Land für dich tun kann, sondern was du für dein Land tun kannst!» Diesem Prinzip lebte der frühere US-Präsident **Abraham Lincoln** (KN-Horoskop *Fig. 22* und Radix *Fig. 14* auf S. 80) nach, als er mit dem Neumond in Steinbock Konjunktion Merkur, Quadrat Mars und Trigon Lilith in mühsamer Kleinarbeit und zahlreichen gut geplanten Einzelschritten dazu beitrug, dass die Nordstaaten, die die Sklaverei abgeschafft hatten, den Amerikanischen Bürgerkrieg gewannen und die Vereinigten Staaten nicht auseinanderfielen. Er bemühte sich um Versöhnung, musste aber sein Leben lassen, als ein fanatischer Gegner ihn nach seiner Wiederwahl und Vereidigung im März 1865 am Abend des 14. April in seiner Theaterloge erschoss. Als der Dichter Walt Whitman vom Tod Lincolns erfuhr, widmete er ihm das Gedicht «Oh Captain! My Captain!» Es handelt von einem Kapitän, der sein Schiff

Fig. 22

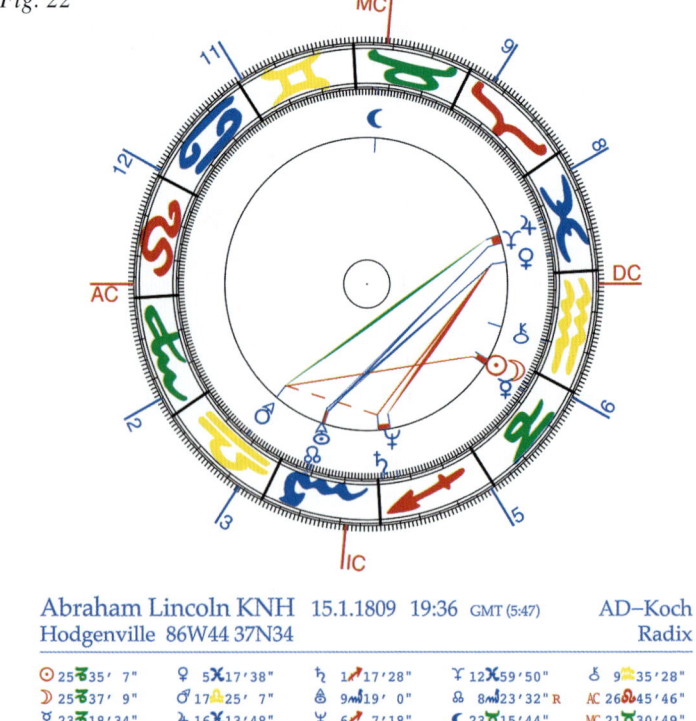

durch grosse Gefahren sicher in den Hafen steuert, das Ziel aber selbst nicht lebend erreicht. Nicht umsonst wird Lincoln in den USA von allen ethnischen Gruppen verehrt, und er zählt parteiübergreifend mit George Washington und Franklin D. Roosevelt zum Trio der bedeutendsten US-Präsidenten, eine Gruppe, die er meistens anführt.

Neben den überaus wichtigen US-Präsidenten Lincoln und Kennedy fällt der Neumond beim Präsidentschaftskandidaten des Jahres 2012, Mitt Romney, ins sechste Haus (Fische, Quadrat Jupiter). In diesem Fall kann man von einer religiösen Gesinnung ausgehen, was aber noch nichts über das Niveau sagt, auf welchem die Konstellation gelebt wird. Beim türkischen Präsidenten Recep Erdogan, mit ebenfalls dieser Stellung in Wassermann, in Konjunktion mit Venus und Trigon Jupiter, konnte man in früheren Phasen seiner politischen Laufbahn, zum Beispiel als er in den Neunzigerjahren Bürgermeister von Istanbul war, den Eindruck haben, er packe die Probleme konkret an. Inzwischen überwiegt jedoch ein Bild von Hybris, was dem pervertierten Gegenpol der Qualitäten des sechsten Hauses entspricht.

Filmschauspielerinnen und -schauspieler sowie Persönlichkeiten aus dem Showbusiness mit dieser Stellung sind: die französisch-britische Sängerin und Filmschauspielerin Jane Birkin, die italienische Sängerin und frühere Präsidentengattin Carla Bruni und die amerikanische Filmschauspielerin und Aktivistin Jane Fonda, alle drei mit Schütze-Neumond im sechsten Haus. Andere Zeichenbesetzungen beobachten wir beim US-amerikanischen Schauspieler Tom Hanks mit Krebs-Neumond, bei der britischen Schauspielerin und Aktivistin Emma Watson mit Widder-Neumond, Quadrat Jupiter und Quadrat Uranus und schliesslich beim Rapper Jay-Z mit Skorpion-Neumond, Konjunktion Merkur.

Der Neumond im siebten Haus

Mit dem karmischen Neumond im siebten Haus spielen Partnerschaft, Beziehungen und soziale Kontakte eine wichtige Rolle. Man erfährt sich in starkem Masse über das Gegenüber und das Gemeinsame ist einem oft wichtiger als das Eigene. So kann die Tendenz bestehen, sich allzu sehr hinüberzulehnen und mehr mit den Belangen und Interessen der anderen als mit sich selbst beschäftigt zu sein. Dabei dient der Austausch und die Spiegelung im Gegenüber dazu, die verschiedenen Facetten der eigenen Persönlichkeit kennenzulernen, indem man auf diese Weise gleichzeitig mit neuen Aspekten der Wirklichkeit in Kontakt kommt, die im bisherigen Weltbild vielleicht keinen Platz hatten.

Nicole Kidman

Im Allgemeinen fällt es mit dieser Stellung leicht, Kontakte zu knüpfen, Freundschaften zu schliessen und mit anderen Ansichten und Ideen auszutauschen. Man geht auch lieber zu zweit durchs Leben als alleine. Mit diesen Eigenschaften ausgestattet, besteht eine gute Eignung für alle beratenden und vermittelnden Berufe. Man ist mit dem, was man sagt, mit dem Gegenüber in Kontakt und hat die Gabe, Menschen zusammenzubringen, Netzwerke und Verbindungen zu schaffen und zwischen verschiedenen Interessengruppen zu vermitteln. Auch im Verkauf, insbesondere im Aussendienst, kann man mit diesen Eigenschaften punkten.

Zu dieser Konstellation gehören aber auch schicksalhafte Verbindungen und so geht es immer wieder darum zu reflektieren, was man auf das Gegenüber projiziert, was am anderen fasziniert und an einen Partner bindet oder welche einenden Gemeinsamkeiten und individuellen Unterschiede zu anderen Menschen bestehen, insbesondere zu solchen, die man nahe an sich herangelassen hat.

Beispiele: Bevor die Beziehung zwischen Angelina Jolie und Brad Pitt ab 2005 die Schlagzeilen für das berühmteste Glamourpaar Hollywoods abgab, galten diese in den 1990er-Jahren und bis zur Scheidung im Jahre 2001 dem während elf Jahren liierten Paar **Nicole Kidman** (siehe *Fig. 23*) und Tom Cruise, beide mit dem Neumond im siebten Haus und zwar bei Tom Cruise im Krebszeichen, Trigon Neptun und Trigon Jupiter und bei Kidman in Zwillinge, im Quadrat zu einer Pluto/Uranus-Konjunktion. Damit kamen zwei Menschen zusammen, für die gemäss karmischem Neumond die Spiegelung im Gegenüber und das Ausgleichen sowie Harmonisieren von Gegensätzen im Vordergrund steht. Kidman hat auch noch viele Jahre später in Interviews darüber berichtet, wie tief ihre Liebe war und wie sie Cruise immer noch liebe. Ihre grossen Erfolge als Schauspielerin hat sie aber vor allem nach der Trennung von Cruise gefeiert. Kann dies vielleicht ein Thema sein, wenn man den karmischen Neumond im siebten Haus und in Spannung zu Planeten wie Uranus und Pluto hat? Wenn man liest, dass die Scientology Sekte die Trennung zwischen beiden vorangetrieben hat, kann man sich vorstellen, welche dunklen Mächte bei der Spaltung möglicherweise am Werk waren.

Bekanntlich hat das siebte Haus nicht nur mit dem Partner zu tun, sondern bei Personen, die in der Öffentlichkeit stehen, auch mit dem Publikum das sie ansprechen. Dies mag erklären, warum wir mit dem Neumond im siebten Haus Persönlichkeiten antreffen, die eine grosse Wirkung auf die Menschen ihrer Zeit hatten und der Geschichte sogar eine neue Richtung gegeben haben. Das trifft für Martin Luther, mit dem Neumond im Skorpionzeichen, Konjunktion Merkur, Konjunktion Saturn, Quadrat Lilith zu. Das gleiche kann man auch von Michael Gorbatschow, mit Neumond in Wassermann, Opposition Neptun, sa-

Fig. 23

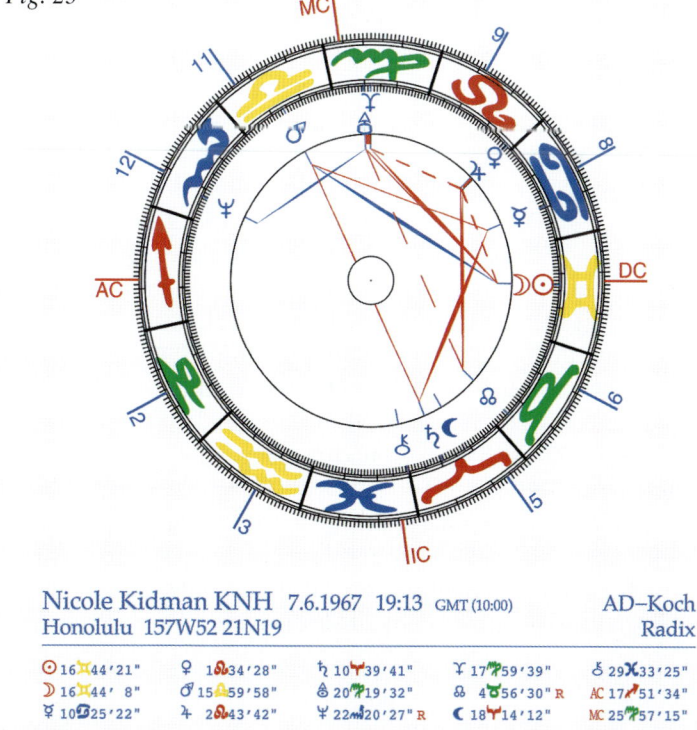

gen. Bei Gorbatschow spielte zweifellos eine grosse Rolle, dass er aufgrund versöhnlicher Komponenten seiner Persönlichkeit in der Lage war, eine gute Beziehung mit seinem amerikanischen Gegenüber herzustellen, eine Voraussetzung für eine Entspannung zwischen früheren Feinden.

Vielleicht erklärt der Neumond im siebten Haus im Jungfrauzeichen, Opposition Saturn Konjunktion Neptun und Quadrat Jupiter auch, warum es Berlusconi gelang, es in der italienischen Politik so weit zu bringen und nach einer kurzen Phase von 1994 bis 1995 ab 2001 und bis 2011 die meiste Zeit an der Macht zu sein. Welche Wirkung man mit dem Neumond im siebten Haus auf sein Publikum haben kann, zeigen auch die Karrieren der Sängerin Céline Dion, mit Neumond in Widder, Konjunktion Saturn und Konjunktion Chiron – Planeten, die im siebten Haus übrigens auch auf einen Partner projiziert werden können –, die mit 230 Millionen verkauften Tonträgern zu den erfolgreichsten Sängerinnen zählt. Superlative gelten auch für die amerikanische Filmschauspielerin Meryl Streep, dreifache Oscarpreisträgerin, die bei insgesamt unübertroffenen 19 Nominierungen eine der künstlerisch erfolgreichsten Filmdarstellerinnen der Welt ist.

Der Neumond im achten Haus

Mit dem karmischen Neumond im achten Haus spielen Verbundenheit, Partnerschaft, Zuwendung und Bestätigung durch andere Menschen sowie gemeinsamer Besitz, gemeinsame Substanz familiärer, emotionaler und geschäftlicher Verbindungen eine wichtige Rolle. Man hat den Drang, unter die Oberfläche und hinter die Kulissen zu schauen, die verborgenen Sehnsüchte, Motive und Ängste seiner Mitmenschen zu ergründen und instinktiv deren Schwachstellen auszuloten. Dabei werden diese im Zusammenhang mit der Frage, wie sie mit Macht und Verantwortung umgehen, auf den Prüfstand gestellt. Darum sind die eigenen ersten Erfahrungen mit tiefen Bindungen – gemeinsam erarbeitete tragfähige Strukturen, Rückhalt und Zusammenhalt in schwierigen Situationen, konstruktiver Einfluss und Krisenfestigkeit oder Ohnmacht, Ausgeliefertsein, Kontrollverlust, ungesunde Verstrickungen, Zwanghaftigkeit und Abhängigkeit – sehr prägende Erlebnisse.

Je nach den Entscheidungen, die im Zusammenhang mit markanten Erfahrungen früh im Leben gefällt wurden, kann man sich mit dieser Konstellation leidenschaftlich für Menschen einsetzen, die gesellschaftlich unterprivilegiert sind oder sich in einer Krise befinden, was in diesem Falle veranlasst, einen sozialen oder therapeutischen Beruf zu ergreifen. Es ist aber auch möglich, dass die aufgrund markanter Erfahrungen entwickelte psychologische und soziale Ader beruflich über eine verantwortliche Position zum Einsatz kommt, welche mit Einfluss und Macht über andere verbunden ist. Dies kann auch auf unausgesprochene Art und Weise geschehen, indem man zum Beispiel in die Rolle der grauen Eminenz schlüpft oder über eine Art Elternfunktion andere beschützt wie auch gleichzeitig kontrolliert.

Aufgrund dieser Anlagen kann man Begabungen für Tätigkeiten in der Administration und im Personalwesen mitbringen, denn es gefällt, Geheimnisträger zu sein oder man übt Kontrolle über finanzielle Belange aus. Im Weiteren mag der Drang nach Ergründung des Verborgenen zu einer im weitesten Sinne forschenden Tätigkeit führen, sei dies im Bereich der menschlichen Psyche, der Natur oder der Gesellschaft. Dabei hilft ein ausgeprägtes Sensorium für Unausgesprochenes sowie für jede Art von Manipulation und Machtmissbrauch.

Beispiele: Der im Stierzeichen geborene und im Karmischen Neumondhoroskop durch einen Sterneumond, Konjunktion Uranus und im Aspekt zu Jupiter und Saturn geprägte **Sigmund Freud** *(Fig. 24)*

Fig. 24

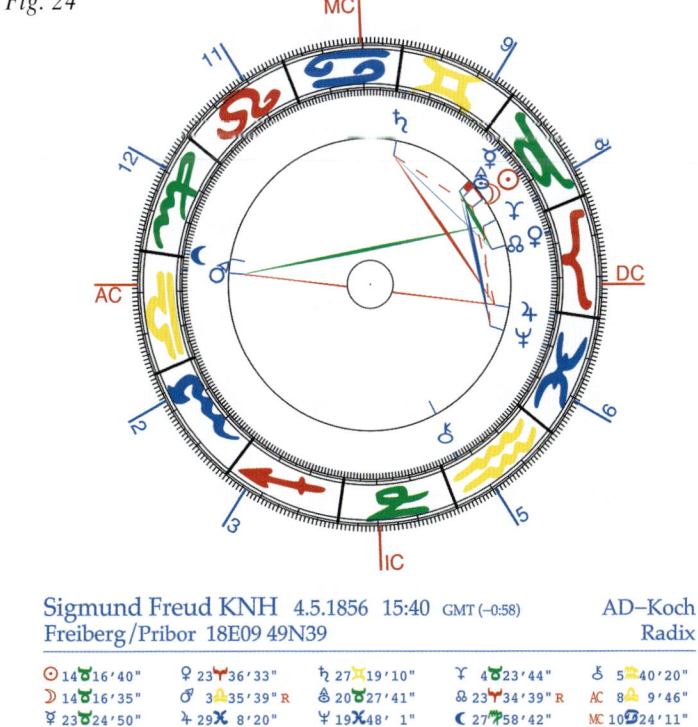

war astrologisch wie kaum ein anderer dafür prädestiniert, die Libido als treibende Kraft menschlichen Verhaltens zu entdecken. Auch dessen Postulierung des Oralen (Stier und zweites Haus) sowie des Analen (Skorpion und achtes Haus) entspricht in jeder Hinsicht der astrologischen Symbolik.

Im wissenschaftlichen und philosophischen Bereich finden wir den Neumond im achten Haus auch beim Physiker und Philosophen Fritjof Capra (in Steinbock, Konjunktion Lilith Opposition Pluto und Halbquadrat Venus) und wir beobachten diese Stellung auch bei Politikern, die es in ihrem Leben mit Krisen und umwälzenden Situationen zu tun hatten: Mao Zedong mit Neumond in Schütze, Opposition Neptun, Opposition Pluto und Halbquadrat Venus, Fethullah Gülen mit Neumond in Stier, Konjunktion Venus, Konjunktion Lilith und Quadrat Pluto sowie Donald Trump mit Neumond in Zwillinge, Konjunktion Merkur, Sextil Pluto. Dass Trump dabei von seiner Tochter Ivanka vorbehaltlose Unterstützung erfährt, hat zweifellos auch damit zu tun, dass der karmische Neumond bei ihr ebenfalls im achten Haus steht und zwar im Skorpion, Sextil Mars und Halbquadrat Venus. Partnerin eines starken Mannes aus Politik und/oder Wirtschaft zu sein, kann für eine Frau mit dieser Stellung eine Option für den eingeschlagenen Weg sein, wie die Stellung des karmischen Neumondes im achten Haus bei Jacqueline Kennedy (in Krebs, Konjunktion Pluto und Halbquadrat Neptun), bei Michelle Obama (in Steinbock, Konjunktion Mars und Semisextil Saturn) sowie bei Wendy Deng, der früheren Ehefrau von Medienmagnat Rupert Murdoch (mit Neumond in Skorpion, Konjunktion Neptun, Sextil Jupiter) zeigt. Filmschauspielerinnen mit einer solchen Stellung haben häufig eine grosse Wirkung und dies gilt für Marilyn Monroe (in Stier, Opposition Saturn, Quadrat Neptun und Quadrat Jupiter), Liz Taylor (in Wassermann, Konjunktion Mars, Opposition Jupiter und Quadrat Lilith), Megan Fox (in Stier, Trigon Mars Sextil Jupiter) und Miley Cyrus (in Skorpion, Semisextil Jupiter).

Der Neumond im neunten Haus

Der karmische Neumond im neunten Haus geht einher mit einem grossen Bedürfnis nach Freiheit und einem starken Drang nach Horizonterweiterung. So ist es ein Anliegen, sich von erziehungsbedingten Normen zu lösen und eigene Ideale zu entwickeln und zu verwirklichen. So wird schon früh alles, was nach Ferne und Abenteuer klingt, mit Begeisterung aufgenommen und Wissensdrang sowie Fernweh veranlassen dazu, sich mit fremden Kulturen sowie exotischen Anschauungen und Glaubenslehren zu beschäftigen. Jedenfalls braucht man etwas, an das man glauben und an dem man sich orientieren kann. Entsprechend markant sind auch erste Erfahrungen mit religiösen, ethischen oder weltanschaulichen Inhalten, die sehr stark prägen können.

Die aktive Suche nach Bewusstseinserweiterung oder der Möglichkeit, zwischen richtig und falsch zu entscheiden, kann zu einem Beruf führen der mit Philosophie, Religion, Moral oder Recht und vielleicht auch mit einer Lehrtätigkeit zu tun hat. Auf einer ganz konkreten Ebene mag diese Neumond-Stellung auch bedeuten, dass im Falle einer kaufmännischen Tätigkeit eine Affinität zum Export besteht, da man auf diese Weise immer wieder mit anderen Mentalitäten in Kontakt kommt und Reisen meist zum eigenen Arbeitsbereich gehören.

Entscheidet man sich für eine Lehrtätigkeit ist es wichtig, von einer Tendenz Abstand zu nehmen, die eigenen Überzeugungen als allgemeingültig zu erklären. Dies kann sonst einen missionarischen oder fanatischen Zug verleihen, der die Kommunikation beeinträchtigt. Besser ist es deshalb, eigene Glaubenssätze und Überzeugungen zu überprüfen und auf Argumente, die von anderen eingebracht werden, einzugehen, indem man sich immer wieder vergegenwärtigt, dass verschiedene Wege zum selben Ziel führen können.

Beispiele: Zu den Menschen, die teilweise in Verbindung mit dem Ausland philosophische und das Bewusstsein erweiternde Erkenntnisse vermittelt haben oder sich anderswie sinnstiftend oder weltanschaulich betätigen gehören der indische Yogi Paramahansa Yogananda (Neumond in Schütze, Quadrat Mars Semisextil Venus) sowie der Anthropologe und Schriftsteller Carlos Castañeda (Neumond in Schütze, Quadrat Uranus und Trigon Neptun). Eine markante weltanschauliche Komponente nehmen wir aber auch bei den Politikern Joschka Fischer, früherer deutscher Aussenminister (mit Neumond in Widder, Sextil Uranus und Trigon Mars), sowie Bernie Sanders, US-Präsidentschaftskandidat 2016 (Neumond in Löwe, Quadrat Saturn/ Uranus) wahr, und ich denke, dass man auch bei der deutschen Bundeskanzlerin und Pfarrerstochter Angela Merkel (Neumond in Krebs, Konjunktion Jupiter, Trigon Lilith/Saturn) von einer weltanschaulich geprägten und moralisch abgestützten Entscheidungsbasis ausgehen kann.

Dies ist auch der Fall beim Pfarrerssohn und schweizerischen Volkstribun Christoph Blocher (mit Neumond in Waage, Opposition Lilith) und in verzerrter Form als extreme Intoleranz gegenüber dem Fremden und Andersartigen bei Adolf Hitler (Neumond in Widder,

Quadrat Jupiter, Trigon Saturn und in der Halbsumme Merkur/Mars) erkennbar. Im Bereich der Literatur finden wir den Schweizer Schriftsteller, Dichter und Literaturwissenschaftler **Adolf Muschg** (Neumond in Stier, Konjunktion Merkur und Mars sowie Sextil Lilith/Pluto) mit einer starken Affinität zum Ausland und zu philosophischen Diskussionen (siehe *Fig. 25*). Im Bereich von Musik und Schauspielerei stossen wir mit dieser Konstellation auf David Bowie (Neumond in Steinbock, Konjunktion Mars, Konjunktion Lilith, Sextil Chiron (siehe *Fig. 7* und *Fig. 8* auf S. 62/63), Mariah Carey (Neumond in Fische, Semisextil Mars), Russell Crowe (Neumond in Fische, Konjunktion Merkur, Konjunktion Mars, Halbquadrat Venus), James Dean (Neumond in Steinbock, Semisextil Venus), Mick Jagger (Neumond in Krebs, Halbquadrat Venus/Chiron und in der Halbsumme Jupiter/Saturn sowie Merkur/Jupiter) und Frank Sinatra (Neumond in Schütze, Konjunktion Merkur, Quadrat Jupiter, Sextil Uranus).

Der Neumond im zehnten Haus

Mit dem karmischen Neumond im zehnten Haus ist eine starke Motivation vorhanden, sich beruflich und gesellschaftlich zu profilieren.

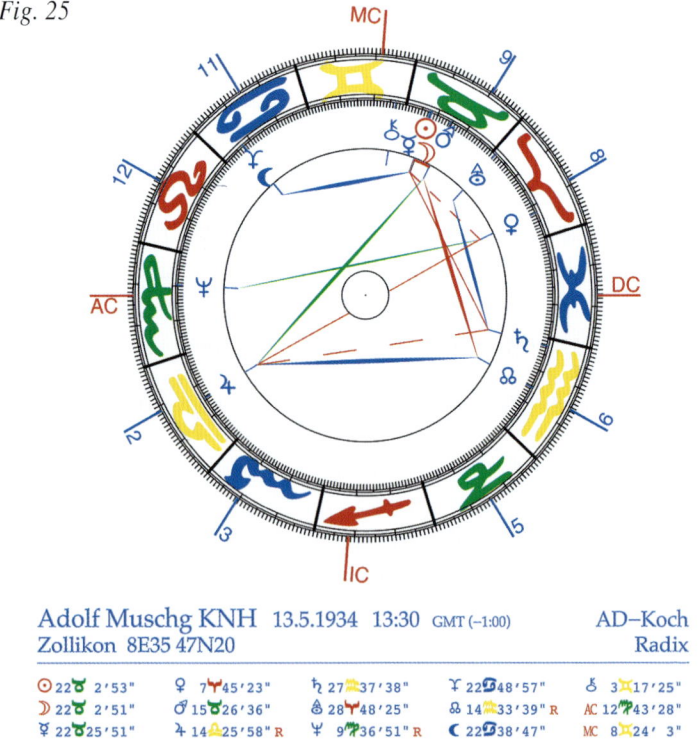

Fig. 25

Man will an die Spitze und findet Unterstützung, wenn man fähig ist, sich zu disziplinieren und kurzfristige Bestätigung zugunsten langfristiger Verwirklichungen aufzuschieben. Diese Stellung vermittelt meist die erforderliche Beharrlichkeit, um mit einem sachlichen, sorgfältigen Vorgehen langfristige Ziele anzustreben und auch zu erreichen. Seine Verdienste will man sich selbst erwerben und dafür ist man bereit, vorhandene Regeln, Normen und Gesetze die es braucht, um das Zusammenleben und Arbeiten in der Gesellschaft zu regulieren, zu akzeptieren. Entscheidend sind dabei allerdings die ersten Erfahrungen, die man mit elterlicher und behördlicher Autorität macht.

Beruf und Berufung spielen mit dieser Konstellation eine grosse Rolle und der gesellschaftliche Aufstieg findet statt, indem man geduldig die Stufen der Hierarchie erklimmt oder indem man ab einem bestimmten Zeitpunkt selbständig etwas aufbaut. Dabei kommt einem die Fähigkeit zugute, mit grosser Beharrlichkeit ein einmal ins Auge gefasstes Ziel, ohne Gefahr der Ablenkung, rigoros zu verfolgen. Das heisst aber auch, dass darauf geachtet werden sollte, im beruflichen Bereich das anzustreben und zu tun, was einem am Herzen liegt und Befriedigung vermittelt, damit der überaus wichtige Bereich der Arbeit ein Gefühl von Selbstverwirklichung vermittelt.

Beispiele: Es erstaunt nicht, dass man unter dieser Konstellation eine ganze Reihe von Politikern und Machthabern mit zum Teil enormer Machtfülle entdeckt. Darunter fällt – wenn man dem von ihm selbst offiziell herausgegebenen Geburtsdatum vom 19. Mai 1881 Glauben schenkt – der Gründer der modernen Türkei, Kemal Atatürk, mit Neumond in Stier, Konjunktion Jupiter/Saturn/Neptun und Trigon Uranus. Zu den Gründerpersönlichkeiten eines neuen Staates zählt auch Mahatma Gandhi mit Neumond in Jungfrau, Quadrat Saturn und Semisextil Venus, dem Gewaltlosigkeit ein Hauptanliegen war, sowie am Gegenpol der Gewaltbereitschaft der – neben Lenin wohl wichtigste – Gründer und langjährige Diktator der Sowjetunion, Josef Stalin, mit Neumond in Schütze, Konjunktion Venus Opposition Pluto und Quadrat Uranus (auch hier gab es hinsichtlich des richtigen Geburtstages lange Zeit Fragezeichen). Zu den politischen Schwergewichten gehört im Weiteren der amerikanische Präsident **F. D. Roosevelt,** der als einziger in der Geschichte der USA dreimal wiedergewählt wurde und dessen Neumond im Steinbockzeichen, in der Halbsumme zwischen Merkur und Venus sowie im Quadrat zum Saturn und im Quinkunx zum Mars stand (siehe *Fig. 26* nächste Seite). Eigenschaften von Disziplin qualifizierten ihn dazu, während den für die

USA schwierigen Zeiten der Grossen Depression und des Zweiten Weltkrieges rigorose Massnahmen zu ergreifen. Einen eisernen Willen hatte er sich schon im Umgang mit einer Lähmung, die ihn an der Rollstuhl fesselte, zugelegt. Schliesslich fällt unter den Politikern auch der deutsche Kanzler Gerhard Schröder mit Neumond in Widder Opposition Neptun Sextil Uranus und Trigon Pluto in diese Gruppe, der es schaffte, dass nach einer überaus langen Zeit mit Helmut Kohl als Regierungschef ein SPD-Politiker das Rennen machte.

Vom Neumond im zehnten Haus profitieren natürlich nicht nur Politiker, die eine Profilierung anstreben. Wir beobachten diese Stellung auch beim Universalgenie Leonardo da Vinci, mit Neumond in Widder, Konjunktion rückläufiger Merkur, Trigon Pluto und Opposition Saturn sowie bei Pionieren wie Bill Gates (Neumond in Waage, Konjunktion rückläufiger Merkur, Konjunktion Neptun und Sextil Jupiter) sowie Charlie Chaplin, mit Neumond in Widder, Quadrat Jupiter und Trigon Saturn (dem gleichen karmischen Neumond wie Adolf Hitler, aber in einem anderen Haus) sowie Elisabeth Kübler-Ross, mit Neumond in Zwillinge, Konjunktion Merkur und Sextil Neptun.

Fig. 26

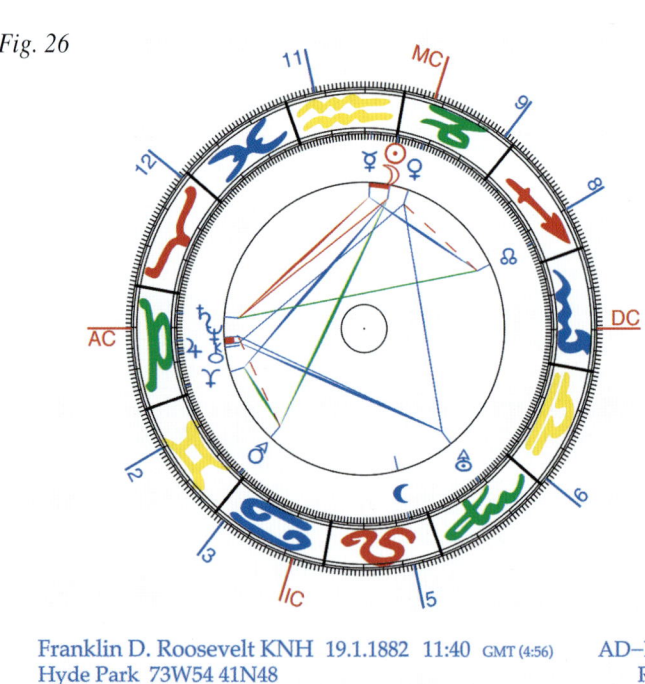

Neben Chaplin als Akzente setzenden Regisseur finden wir weitere Persönlichkeiten, die sich mit ihren Filmen einen Namen gemacht haben. Dazu gehört Alfred Hitchcock, mit Neumond in Löwe, Trigon Saturn Sextil Pluto sowie Steven Spielberg, mit Neumond in Schütze, Konjunktion rückläufiger Merkur und in der Halbsumme von rückläufiger Venus und Mars. Schauspieler, die mit dieser Konstellation zu Ruhm und Ansehen kamen, sind Penélope Cruz (mit Neumond in Stier, Sextil Mars/Saturn und Opposition Uranus), Isabelle Huppert (mit Neumond in Fische, Quinkunx Saturn/Neptun und Konjunktion rückläufiger Merkur), Kristen Stewart (mit Neumond in Widder, Quadrat Uranus, Quadrat Jupiter/Chiron und Konjunktion Merkur) sowie die gleichzeitig als Sänger oder Unterhalter bekannten Darsteller Robbie Williams (mit Neumond in Wassermann, Konjunktion rückläufige Venus, Trigon Pluto und Quadrat Uranus) und John Travolta (mit Neumond in Wassermann, Konjunktion Venus Trigon Jupiter und Quadrat Saturn). Fussballer, die unter dieser Konstellation zu Weltruhm aufliefen, sind Zinédine Zidane (mit Neumond in Zwillinge, Konjunktion Merkur/rückläufige Venus Konjunktion Saturn und Halbsextil Mars) und Lionel Messi (mit Neumond in Zwillinge, Halbsextil Mars und Quinkunx Pluto).

Der Neumond im elften Haus

Mit dem karmischen Neumond im elften Haus entwickelt man, ganz unabhängig von Herkunft und Familie, eigene Ideen und beschreitet ungewöhnliche Wege, um sich gegen das Konventionelle abzugrenzen. Dies kann zu einer eigentlichen Rebellion führen, die sich gegen die etablierte Gesellschaft mit ihren hierarchischen Strukturen richtet. Der Drang, einen individuellen Weg zu gehen, führt dazu, dass man sich schon früh von originellen Persönlichkeiten angezogen fühlt und den Kontakt pflegt mit Menschen mit ähnlichen Anliegen und Überzeugungen, mit denen sich fortschrittliche Gedanken austauschen und über neue Lebens- und Arbeitsformen diskutieren lässt. Jedenfalls ist es ein starkes Anliegen, Ideen für Reformen und Neuerungen des sozialen Zusammenlebens zu entwickeln. Dabei ist es gut, wenn es im Laufe der Zeit gelingt, von der Theorie zur Praxis zu schreiten und Projekte in die Tat umzusetzen.

Sobald die Entscheidung feststeht, aus dem eigenen kreativen Potenzial etwas zu machen, kann man nämlich auf Unterstützung zählen, denn es geht von einem eine Ausstrahlung aus, die bei den Mitmenschen gut ankommt.

Eine Hilfe ist dies auch auf dem Stellenmarkt. Die Lockerheit, die man im Umgang mit gesellschaftlichen Rängen und Hierarchien pflegt, sichert, dass man nicht in die Kategorie der Befehlsempfänger eingestuft wird. Zusätzlich spüren auch Arbeitgeber das Potenzial, das in einem steckt, sodass man häufig damit betraut wird, in Phasen der Stagnation und Krise an der Entwicklung neuer Lösungen mitzuwirken und diese auch umzusetzen. Dazu gehört allerdings, dass man sich entscheidet, nicht im Unverbindlichen zu verharren, sondern neben Reformwillen auch realistische Qualitäten entwickelt.

Aufgrund der Offenheit, die für ungewöhnliche Ideen und neue Strömungen gezeigt werden, kommen Berufe infrage, in denen man am Puls des Geschehens steht, sei dies im Journalismus, im Bereich der Public Relations, der Werbung, im Einsatz von Informationstechnologie, in der Personalselektion oder in der Unternehmensberatung. Man kann mit dieser Stellung aber auch schon früh einen eigenen kreativen Weg einschlagen, der vom Mainstream wegführt und bei dem man von Anhängern und Gleichgesinnten unterstützt wird. Im politischen Bereich kann man zum Freiheitskämpfer werden, der aber, wenn er einmal an der Macht ist, häufig zum Alleinherrscher und Diktator mutiert.

Beispiele: Zu den Freiheitshelden im Bereich der Politik, die neue Impulse in Richtung grösserer Freiheit und Gleichheit vermittelten, bzw. noch vermitteln, gehören Nelson Mandela, mit Neumond in Krebs in der Halbsumme von Merkur/Jupiter sowie Barack Obama, ebenfalls in Krebs, Opposition Saturn und Halbquadrat Venus. Unter den Russen gibt es zweifellos viele, die Putin ebenfalls in der Rolle des Helden sehen, der dem übermächtigen Westen die Stirn bietet und er ist aufgrund seiner Discipliniertheit und Konsequenz auch Vorbild für viele Rechtspopulisten aus westlichen Ländern. Diese Rolle einzunehmen steht im Einklang mit seinem karmischen Neumond im Jungfrauzeichen, Konjunktion Merkur und Trigon Jupiter, und es ist bezeichnend, dass er in Anlehnung an die Qualitäten von Ordentlichkeit, die das Jungfrauzeichen vermittelt, zu Geheimdienstzeiten den Übernamen «Nemez» (der Deutsche) hatte. Auch Saddam Hussein war, als er den mächtigen USA trotzte, für viele Araber ein Freiheitsheld, während er von westlicher Seite als ruchloser Diktator verschrien war. In seinem Fall steht der Neumond im Widderzeichen, im Quadrat zu Jupiter und zu Pluto, eine Konstellation die häufig anzeigt, dass man sich mit den Mächtigen anlegt und dabei zu weit geht, um schliesslich Erfolg zu haben. In dieser Rolle bestätigte ihn auch der

Name «Saddam», den er sich zulegte, und der so viel heissen soll wie «Jener, der sich dem Feind entgegenstellt».

Das elfte Haus hat aber auch eine humanitäre Tradition und wir finden diese im besten Sinne im Beispiel von **Mutter Teresa** eingelöst, mit Neumond in Löwe, Quadrat Saturn Halbquadrat Venus und Sextil Jupiter (siehe *Fig. 27*). Einiges von der Lagerfeuerromantik, die jene antreibt, die zu neuen Ufern aufbrechen, spürt man beim Sänger und Dichter Bob Dylan, mit dem Neumond in Stier, Konjunktion Lilith/Venus und Quadrat Pluto, dem es offensichtlich so wichtig war, sich vom Establishment abzugrenzen, dass er sich nicht meldete, als ihm 2016 vom Komitee in Oslo der Nobelpreis verliehen wurde und er diesen ebenso wenig abholte, wie er zur von Präsident Obama gegebenen Feier für die US-Nobelpreisträger erschien. Zu den Exponenten einer revolutionären Musikszene gehört auch der früh verstorbene Jim Morrison, mit Neumond in Schütze, Opposition Uranus Sextil Neptun und Trigon Pluto, von dem die folgende Aussage aus dem Jahre 1967 stammt: «Ich mag Ideen über den Zusammenbruch oder den Umsturz der etablierten Ordnung. Mich interessiert alles, was mit Revolte, Unordnung, Chaos zu tun hat – ganz besonders Handlungen, die

Fig. 27

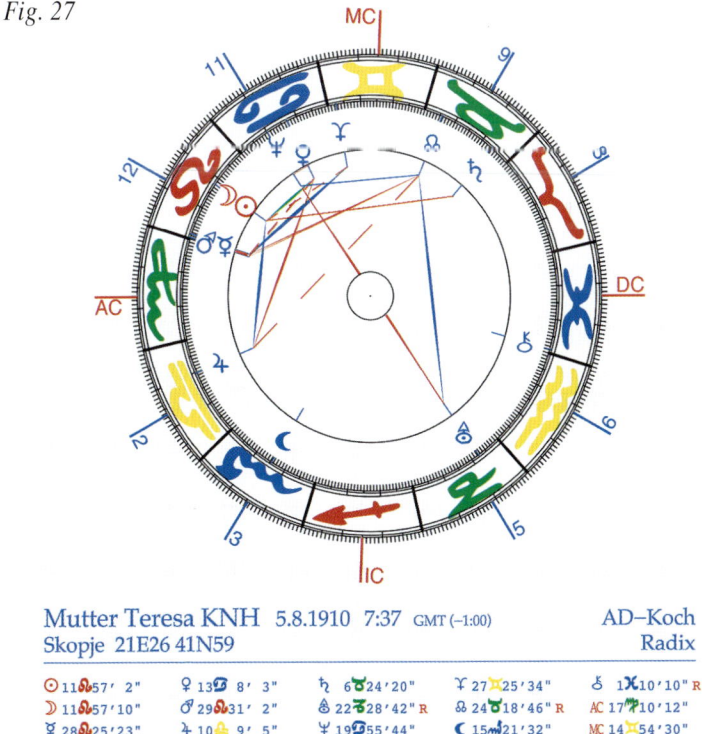

scheinbar keinen Sinn haben. Das scheint mir, ist die Strasse zur Freiheit – äussere Freiheit ist ein Weg innere Freiheit zu erreichen.»

Auch Jennifer Lopez nutzte die Gunst der Stunde um, mit Neumond in Krebs, Konjunktion Lilith Trigon Neptun Sextil Pluto und Halbquadrat Venus, als Latinos die amerikanische Musikszene aufmischten, als erste Latina in den USA im grossen Stile Karriere zu machen. Zuvor war es, ausserhalb der USA, aber über die lateinamerikanische Szene hinausgehend, der kolumbianischen Sängerin Shakira, mit Neumond in Steinbock, Halbquadrat Venus Halbquadrat Neptun gelungen, internationale Berühmtheit zu erlangen. Inzwischen surft mit dem sicheren Gespür, den der Neumond im elften Haus in Wassermann, Konjunktion Venus und Semisextil Uranus/Neptun vermittelt, der junge kanadische Musiker und Mädchenschwarm Justin Bieber auf der durch diese Konstellation aktivierten Welle des Zeitgeistes.

Der Neumond im zwölften Haus

Mit dem karmischen Neumond im zwölften Haus ist man von einer Vision angetrieben, die man gerne umsetzen möchte. Je nach Zeichenstellung ist eine grosse Sensibilität für die Welt der unsichtbaren Dinge vorhanden und man hat Zugang zu den Bereichen der Fantasie, der Religion und der Mystik, worin die Quelle für das Erleben tiefer kosmischer Zusammengehörigkeit liegt. Um die eigenen Visionen umsetzen zu können, ist es jedoch wichtig, ein Stück weit Sachlichkeit und Realitätssinn zu entwickeln. Dieser Lernprozess dürfte schon früh eingesetzt haben, da die Existenzbewältigung in unserer Kultur einiges an praktisch und materiell ausgerichteten Fähigkeiten voraussetzt.

So wichtig mit dieser Stellung ein angemessener Umgang mit der Alltagsrealität auch ist, erst die Verwirklichung der eigenen hohen Ideale bringt wirkliche Erfüllung. Der damit verbundene Perfektionsanspruch kann Motivation für einen grossen Arbeitseinsatz sein, wobei dieser im Dienste einer Umsetzung der eigenen grosszügigen Vision des Lebens stehen sollte. Dabei ist es nicht ausgeschlossen, dass diese auf ein realisierbares Mass redimensioniert werden muss, weil die angestrebten Ideale sonst derart unerreichbar bleiben, dass man sich – statt diese anzupeilen – in eine Haltung von Passivität flüchtet. Dementsprechend sollte man sich vor der Tendenz in Acht nehmen, im Falle von Hemmnissen und Konfrontationen mit der Aussenwelt in die eigene Innenwelt zu flüchten, denn es könnte damit der Nährboden für eine Unzufriedenheit mit dem Leben gelegt werden.

Bill Clinton

Es kann mit dieser Stellung auch sein, dass man unbewusst auf die Gelegenheit wartet, die eigenen Visionen einzulösen und die Stunde dafür noch kommt. Auf diesen Moment bereitet man sich am besten vor, indem man seine Nützlichkeit unter Beweis stellt, wobei das vorhandene Einfühlungsvermögen für einen helfenden, problemlösenden und beratenden Beruf prädestiniert. In einer psychologischen oder sozialen Tätigkeit kann man anderen Menschen helfen, deren chaotische, lebensuntüchtige Seite zu meistern, ein Thema, welches Menschen mit dieser Stellung nicht fremd ist. In einer Beratungssituation kann auch meist ohne viele Worte auf Anhieb erspürt werden, was das Gegenüber beschäftigt, eine Fähigkeit, die es einem ermöglicht, der anderen Person das Gefühl zu vermitteln, verstanden zu werden und Bezogenheit zu erfahren. Allerdings ist dabei eine gesunde Abgrenzung von Vorteil, damit man sich nicht die Probleme der anderen auflädt.

Beispiele: Bei Helmut Kohl vermischt sich mit dem Neumond im zwölften Haus in Widder, Konjunktion Merkur/Uranus und Quadrat Saturn, der Wunsch, gebraucht zu werden und mit Hilfe der starken Antriebsenergie, die das Widderzeichen vermittelt, eine Vision einzulösen. Seinen grossen Moment erlebte Kohl mit der deutschen Einheit, wobei er mit dem Versprechen «Blühender Landschaften» den Mund etwas voll nahm. Zum Schluss seiner Karriere musste er sich gegen Anschuldigungen wegen der CDU-Spendenaffäre verteidigen. Auch **Bill Clinton** (siehe *Fig. 28* nächste Seite) ist, mit dem Neumond im zwölften Haus im Löwezeichen, Konjunktion Saturn/Pluto und

Sextil Neptun, sein Amt als US-Präsident 1993 mit grossen Hoffnungen angetreten, im Glauben vieles zu verändern und eine gerechtere Welt zu schaffen. Spätestens nach zwei Jahren musste er aber realisieren, dass er, wenn er weiter Präsident bleiben will, nur mit Kompromissen über die Runden kommt. Als Resultat hat er als Präsident viele Menschen inspiriert, wurde aber auch wegen seiner Abgrenzungsschwierigkeiten in Skandale verwickelt, die ihn fast das Amt gekostet hätten. Auch dies ist eine Entsprechung des zwölften Hauses.

Einen guten Zugang zur geistigen Welt, in Verbindung mit der Fähigkeit, andere Menschen in ihrer Sinnfindung auf ihrem Lebensweg zu inspirieren, finden wir beim indischen Weisen Jiddhu Krishnamurti, mit dem Neumond in Stier, Opposition Saturn und Sextil Mars/Jupiter sowie bei C.G. Jung, mit Neumond in Krebs, Konjunktion rückläufiger Merkur und Anderthalbquadrat Saturn. Interessant ist, dass beide mit dem Neumond im zwölften Haus in jungen Jahren im Zusammenhang mit den auf sie gerichteten Erwartungen lernen mussten sich abzugrenzen: Krishnamurti, indem er die ihm zugedachte Rolle, als Prophet der Theosophischen Gesellschaft zu fungieren, ablehnte und Jung, indem er Freud, der ihn zu seinem Kronprinzen machen wollte,

Fig. 28

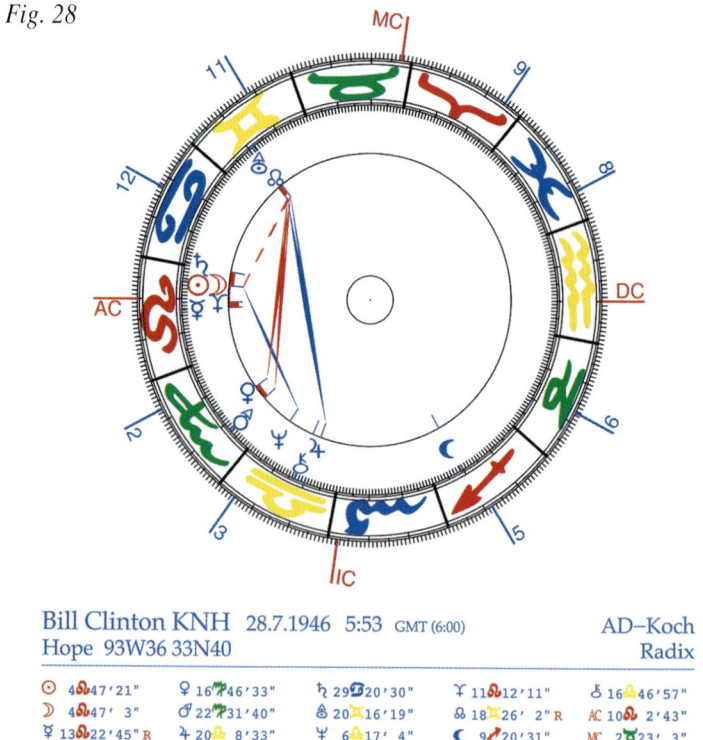

enttäuschen musste, um nicht seinen eigenen Einsichten und Prinzipien untreu zu werden.

Mit dem Neumond im zwölften Haus kann man zur Projektionsfigur werden, wie dies bei Lady Diana, mit Neumond in Zwillinge, Sextil Mars/Uranus und im Aspekt zu Venus, Jupiter und Neptun, der Fall war, als sie als «Prinzessin der Herzen» bei ihrem Tod grosse Emotionen auslöste. Solche Idealisierungen in der Weise, dass man das verkörpert, was die anderen bewundern, erklärt möglicherweise auch die starke Wirkung, die in den 1990er-Jahren vom Topmodel Claudia Schiffer, mit Neumond in Löwe, Konjunktion Mars Halbquadrat Venus/Pluto, ausging ebenso wie die Faszination, die die Schauspielerin Scarlett Johansson, mit Neumond in Skorpion, Konjunktion Pluto und Sextil Neptun, auslöst. Von einem idealisierten Kultstatus ebenso wie von einem feinen Gespür für das, was die Menschen sich wünschen, profitierte auch der Erfinder und Unternehmer Steve Jobs, mit Neumond in Fische, Trigon Neptun Quadrat Lilith und Halbquadrat Venus, sowie der Bodybuilder, Schauspieler und Politiker Arnold Schwarzenegger, mit Neumond in Krebs, Konjunktion rückläufiger Merkur und Opposition Lilith, bis ihm seine Bewunderer und Fans aufgrund einer Affäre mit einem Kindermädchen und der daraus resultierenden Ehekrise die Zuwendung entzogen. In den prüden USA scheint sich für Männer das zwölfte Haus zuweilen als Gefahr von Skandalen wegen erotischer Entgleisungen zu entpuppen, ein Thema, welches mit dieser Stellung bereits Bill Clinton zu schaffen machte. Das berühmteste Opfer der Geschichte mit dieser Stellung ist aber wohl die verführerische Nackttänzerin Mata Hari, mit Neumond in Krebs, Konjunktion Mars und Quadrat Neptun, die wegen Verdachts auf Doppelspionage während des Ersten Weltkriegs von den französischen Militärbehörden hingerichtet wurde.

Karmischer Neumond: Die Kombination von Haus, Zeichen und Aspekten

Die Stellung des karmischen Neumondes in Haus und Zeichen informiert uns über einige der wichtigsten Motivationen, die dieser Inkarnation zugrunde liegen. Wenn der karmische Neumond zum Beispiel im ersten Haus, aber im Skorpion steht, können wir davon ausgehen, dass der Lebensentwurf damit zu tun hat, sich gegen Widerstände durchzusetzen und auf diese Weise zu individueller Profilierung aufzulaufen. Dies ist umso stärker der Fall, wenn wie bei **Winston Churchill** der Neumond zusätzlich in Opposition zum Pluto steht (siehe *Fig. 16* auf S. 88). Macht er, wie in diesem Fall, gleichzeitig ein Quadrat zum Uranus, haben wir es bei den erlebten Herausforderungen möglicherweise mit einer epochalen Krisensituation zu tun, wie sie sich lediglich in bestimmten Phasen der Geschichte als kollektives Phänomen ereignet. Die Ingredienzen dazu sind im Falle Churchills folgen-

Fig. 29

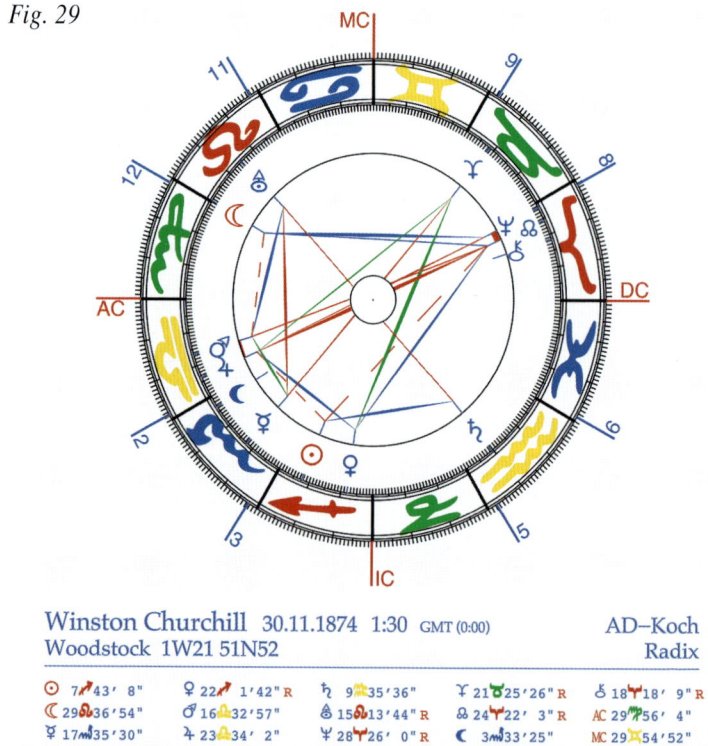

de: Geboren am 9. November 1874 zur Zeit der langen Rezession der 1870er-Jahre, die durch eine Uranus/Pluto-Quadratur gekennzeichnet ist und in Churchills Neumondhoroskop sogar zu einem T-Quadrat zwischen Pluto in Stier, Uranus in Löwe und Saturn in Wassermann Anlass gibt, brachte dieser Mann die erforderliche Entschlossenheit mit, um mit der Krise umzugehen, die rund 60 Jahre nach seiner Geburt, erneut mit einem Quadrat zwischen Uranus und Pluto in den 1930er-Jahren ausbrach und zur Verbreitung der für die Welt brandgefährlichen nationalsozialistischen Ideologie führte. In der Krise, in der sich Grossbritannien 1940 als alleiniges Land in Europa befand, welches noch in der Lage war, sich Deutschland entgegenzusetzen, wurde Churchills skorpionische und plutonische Botschaft, «Blut, Schweiss und Tränen», verstanden und ernst genommen.

In Funktion der Rolle, die Churchill im Zweiten Weltkrieg spielte, erscheint sein in *Fig. 16* (auf S. 88) abgebildetes Karmisches Neumondhoroskop wesentlich aussagekräftiger als sein Radixhoroskop, welches auf der von seinem Vater am Tage der Geburt angegebene Zeit von 1.30 Uhr beruht *(Fig. 29)*. Mit Ausnahme einer Merkur/Pluto-Opposition, die allerdings, was die Merkur-Stellung anbelangt, ge-

Fig. 30

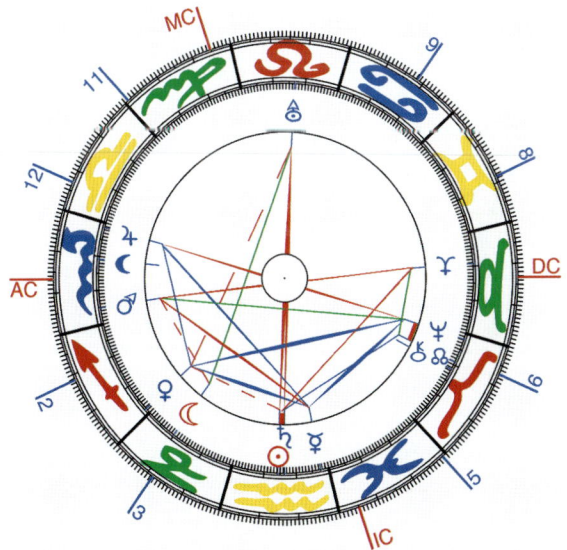

nau auf den karmischen Neumond fällt, macht das Radixhoroskop nicht unbedingt den Eindruck einer besonderen energetischen Aufladung, die über die Persönlichkeit des Geborenen zum Ausdruck kommt. Interessant wird dieses Horoskop allerdings, wenn man es um 10–15 Minuten auf 1.40–1.45 Uhr korrigiert, weil dann in Churchills progressivem Horoskop für Mai 1940, als er seine berühmte Durchhalterede hielt, der progressive Aszendent auf den Merkur des Radixhoroskops und den karmischen Neumond zu liegen kam (in *Fig. 30* auf der vorherigen Seite für eine Geburtszeit von 1.40 Uhr als progressives Horoskop für den 13. Mai 1940 abgebildet). In diesem Fall haben wir es also mit einem eher locker anmutenden Radixhoroskop zu tun, während das Karmische Neumondhoroskop eine bedeutsame Schicksalhaftigkeit und Entschlossenheit zum Ausdruck bringt.

Bei **Johann Wolfgang Goethe** haben wir es mit einer umgekehrten Situation zu tun. Im Falle von Goethes Geburtshoroskop, mit geburtsurkundlich dokumentierter Geburtszeit von 12.30 Uhr am 28. August 1749 in Frankfurt am Main, lässt sich ein Aszendent berechnen, der auf 23 Grad Skorpion *(Fig. 31)* zwischen Saturn und Pluto zu liegen kommt, die sich beide im Skorpionzeichen befinden. Tat-

Fig. 31

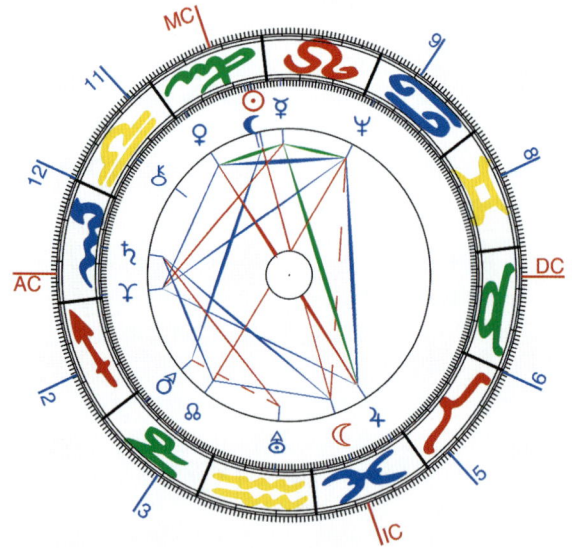

sächlich war die Geburt schwierig, und Goethe hätte sie beinahe nicht überlebt. Eine solche Stellung in Verbindung mit Sonne in Jungfrau (Konjunktion Lilith) und Mond in Fische lässt jedenfalls eher auf eine schwermütige Note schliessen als auf einen unternehmungslustigen und kreativen Umgang mit dem Leben. Einen ganz anderen Eindruck vermittelt jedoch das in *Fig. 32* abgebildete Karmische Neumondhoroskop mit dem Neumond in Löwe im ersten Haus, welcher in exakter Opposition zum Uranus im siebten Haus steht, was Experimentierfreude (insbesondere in Beziehungen) und Risikobereitschaft nahelegt. Verglichen mit dem Karmischen Neumondhoroskop von Churchill, mit in beiden Fällen dem Neumond im ersten Haus, haben wir es hier aufgrund des Feuerelements und der exakten Uranus-Opposition zum Neumond mit einer Lebensfreude und einem unternehmerischen Geist zu tun, der im KN-Horoskop Churchills in dieser Form nicht erkennbar ist.

Das Fazit lautet somit, dass man für die Deutung des karmischen Neumondes Haus, Zeichen und Aspekte berücksichtigen sollte, um zu einer befriedigenden Gesamtschau zu kommen. Um es kurz zu fassen, könnten wir Winston Churchills Neumond im ersten Haus dement-

Fig. 32

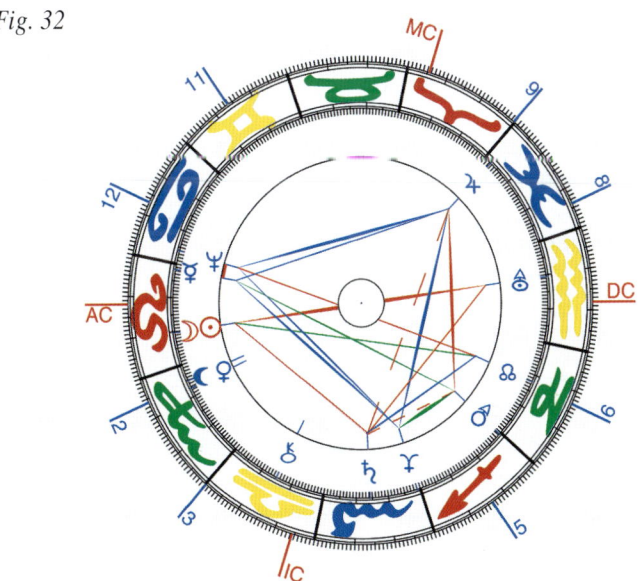

sprechend als von Mars, Uranus und Pluto geprägt, charakterisieren – ideale Voraussetzungen, um einem übergriffigen Feind resoluten und nachhaltigen Widerstand entgegenzusetzen. Bei Goethe würde sich für den Neumond im ersten Haus eine Charakterisierung aufgrund von Sonne, Uranus und Saturn anbieten. Auf diese Weise kommt er im Vergleich beider KN-Horoskope mit Lebensfreude, Spiel und Erfindungsreichtum in Kontakt, was zu Erfahrungen führt, die sich durch bewusste Verarbeitung in Form kreativer Erkenntnisse über das Leben zum Ausdruck bringen lassen.

Das vorliegende Beispiel zeigt, wie eine Stellung des karmischen Neumondes im ersten Haus, die zwar in beiden Fällen damit zu tun hat, dass dem Leben gegenüber eine individualistische und pionierhafte Rolle eingenommen wird – was durch einen Uranus-Aspekt verstärkt wird – hinsichtlich der Qualität, wie dies geschieht, recht unterschiedlich aussehen kann.

So schlage ich für die Deutung das klassische Vorgehen vor, dass man den Neumond als Hauptfaktor des Neumondhoroskops zuerst im Haus, dann im Zeichen und schliesslich aufgrund seiner Aspekte deutet. Dabei trägt es zur Qualität der Deutung bei, wenn man auch Analogien zwischen Zeichenstellung und Aspekten berücksichtigt, wie im Beispiel Churchills, wo sich nicht nur beobachten lässt, dass der Neumond aufgrund seiner Stellung im Skorpionzeichen unter Plutoeinfluss steht, sondern Pluto zu diesem zusätzlich einen massgeblichen Aspekt bildet.

Trotz allem können in gewissen Fällen auch Analogien zwischen Zeichen und Haus weiterführen. So erscheint es vielsagend, dass die bekanntesten Alleinherrscher Europas, Wladimir Putin und Recep Erdogan, die beide ein starkes Bedürfnis zeigen, weitestgehende Kontrolle über das zu haben, was in ihrem Land passiert, in ihrem Neumondhoroskop eine Kombination der Zeichen/Häuser-Prinzipien sechs/elf zeigen: Bei Putin steht der karmische Neumond im elften Haus und im Jungfrauzeichen, bei Erdogan im sechsten Haus und im Wassermannzeichen. Man kann dies so deuten, dass mit dem elften Haus oder dem Wassermannzeichen die Veränderung zu einem neuen, selbstentworfenen System angestrebt wird und sobald die Umsetzung stattgefunden hat gemäss dem Jungfrauzeichen eine minutiöse Planung bis in die Details stattfindet, damit jegliche Lücken und Schlupflöcher erkannt und vermieden oder gestopft werden.

Bei der Deutung der Aspekte des Neumondes im Karmischen Neumondhoroskop empfiehlt es sich zu schauen, welche von besonderer

Bedeutung sind, wobei eine Abwägung zwischen Aspektkategorie und -genauigkeit vorzunehmen ist. So gelten Konjunktion, Opposition, Quadrat und Trigon als besonders stark, aber ein Trigon im Orb von 6 Grad ist im allgemeinen als weniger bedeutsam einzustufen als ein Quinkunx oder Halbsextil im Orb von weniger als 1 Grad. Für diese Abwägung braucht es einiges an Erfahrung und Fingerspitzengefühl, wobei man eigene Erfahrungen im Zusammenhang mit der Deutung der Aspekte im Radixhoroskop heranziehen kann, sodass das Thema hier nicht besonders vertieft werden muss. Dies gilt grundsätzlich auch für die verschiedenen Aspekte zum Neumond, wobei im Folgenden Vorschläge für die Deutung von Einzelaspekten für den Anfänger gegeben werden.[12] In der Praxis geht es in den meisten Fällen allerdings um die Kombination von mehreren Einzelaspekten.

Aspekte des karmischen Neumondes zu einzelnen Planeten

Aspekte des Neumondes zum Merkur

Aspekte zum Merkur sind ein Hinweis darauf, dass Vielseitigkeit und der Wunsch zu lernen und zu verstehen, zentrale Motive dieser Inkarnation sind. Der Drang, immer auf dem Laufenden zu sein, Neuigkeiten und Nachrichten auszutauschen und über die verschiedensten Themen zu diskutieren, ist ein wichtiger Antrieb, um die Welt zu erkunden und in Kontakt mit Menschen zu treten. Breitgestreute Interessen und eine grundlegende Aufgeschlossenheit und Lernbereitschaft sprechen dafür, dass man Freude an Tätigkeiten hat, die Abwechslung und geistige Anregung bieten. Der Ausdruck in Wort, Schrift und Sprache mag dabei eine besondere Rolle spielen, wobei auch Möglichkeiten erprobt werden, wie man geschickt verhandeln und vermitteln kann.

Die vorhandene Flexibilität und Gewandtheit ermöglicht es, in den verschiedensten Situationen und Berufen mit den unterschiedlichsten Menschen gut zurecht zu kommen. Dabei werden die Ziele dadurch erreicht, dass man logisches, taktisches und analytisches Denken einsetzt, verschiedene Informationen rasch miteinander kombiniert und Kontakte sowie Beziehungen nutzt, um stets gut informiert zu sein und den eigenen Vorteil wahrzunehmen. Besonders günstig wirkt sich diese Kombination aus, wenn die Bereitschaft entwickelt wird, zuzuhören und sich in andere Menschen hineinzudenken, sodass man sowohl als Sprecher wie auch als Botschafter auftreten und für Verständnis und Verständigung werben kann.

Aspekte des Neumondes zur Venus

Ein solcher Aspekt zeigt an, dass Harmonie, Hingabe und das Bedürfnis in Beziehung zu sein und nicht alleine durchs Leben zu gehen, zentrale Lebensmotive darstellen. Der Wunsch, gut mit anderen auszukommen und friedlich zu koexistieren, ist ein wichtiger Antrieb, um Kompromisse einzugehen und anderen Menschen entgegen zu kommen. Ausgeglichenheit und Gewandtheit, ebenso wie die Gabe, mit ganz verschiedenen Menschen umzugehen und die eigenen Talente gezielt einzusetzen, um seine Ziele zu erreichen oder zu Vermögen zu kommen, stellen Fähigkeiten dar auf dem Weg zu einem Leben in Wohlstand, Frieden und Harmonie.

Mit dieser Stellung findet man Berufe anziehend, die mit Geld, Besitz und Vermögen zu tun haben, Freundlichkeit, Höflichkeit und Diplomatie erfordern oder Sinn für Schönheit, Ästhetik, Stil und kultivierte Umgangsformen erheischen. Sinnlichen Genüssen und vergnüglichen Anlässen zugetan, kann man sich auch in Tätigkeiten im Bereich der Kunst, Kultur, Mode, des Designs, der Gastronomie, der Unterhaltung und der Moderation profilieren.

Anmut, Gerechtigkeitssinn und die Fähigkeit, zwischen unterschiedlichen Standpunkten zu vermitteln und auszugleichen, indem Gemeinsamkeiten sichtbar gemacht werden, sind Stärken dieses Aspekts. Zu den Schwächen kann die Neigung gehören, Konflikten auszuweichen und keinen klaren Standpunkt zu beziehen, um möglichst niemand zu verletzen.

Aspekte des Neumondes zum Mars

Mit einem Aspekt des karmischen Neumondes zum Mars sind Siegeswille, Tapferkeit und der Drang, Neuland zu betreten und sich mit anderen zu messen, zentrale Lebensmotive. Der Wunsch der Erste zu sein, vorwärts zu kommen und an die Spitze zu gelangen, ist ein wichtiger Antrieb um sich zu behaupten und mit vollem Einsatz und Leidenschaft für ein Anliegen einzusetzen. Um die gesetzten Ziele zu erreichen, werden Pioniergeist, Risikobereitschaft, Durchsetzungsstärke und Konfliktbereitschaft gezeigt. Mit dieser energiegeladenen, vitalen Konstellation spielen Aktivität und Bewegung eine wichtige Rolle und dies ruft nach Konkurrenz und Rivalität als Ansporn, um sich erneut zu beweisen. Entsprechende Berufe die Spass machen können sind solche, die mit Sport und Abenteuer zu tun haben und bei denen man ein Handwerk ausüben oder in brenzligen Situationen einspringen und handeln kann. Archaische Tätigkeiten wie Laufen, Jagen,

Kämpfen und Erobern, die Spontaneität und ein forsches, unerschrockenes Verhalten erfordern, eignen sich besonders. Stärken liegen bei diesem Aspekt in der gezeigten Geradlinigkeit, unbestechlichen Direktheit und der Gabe, Menschen anzustacheln und zu motivieren. Zudem besteht die Bereitschaft schwierige Aufgaben anzupacken, vor denen viele zurückschrecken würden, und es wird jenes mutige Verhalten gezeigt, welches dazu befähigt, die Führung zu übernehmen, Verzagte anzustacheln und zu motivieren und Schwächere mitzunehmen.

Aspekte des Neumondes zum Jupiter

Mit einem Aspekt des karmischen Neumondes zum Jupiter sind Horizonterweiterung, Sinnsuche, Verwirklichung des eigenen Potenzials, Fülle, Wohlstand, Ehre und Erfolg zentrale Lebensmotive. Die Suche nach umfassenden Erkenntnissen, Wahrheit und Antworten auf die grossen Fragen des Lebens ist ein wichtiger Antrieb, um sich zu bilden, weiterzuentwickeln, auf Reisen zu gehen und etwas von der Welt zu sehen. Ein meist ausgeprägter Optimismus in Verbindung mit einer grossen Überzeugungskraft und Begeisterungsfähigkeit helfen beim Erreichen der Ziele, ebenso wie die Fähigkeit, andere für die eigenen Vorhaben zu gewinnen. Damit kann ein Beruf im Vordergrund stehen, der mit Recht und Gerechtigkeit, mit Reisen, Ausland, Export, kulturellem Austausch und Fremdsprachen oder mit Ausbildung, Lehre, Pädagogik und Philosophie zu tun hat. Es kommt aber auch jede Tätigkeit infrage, die Unternehmungsgeist, ganzheitliches Denken, Weisheit, Güte, Grosszügigkeit und Vertrauenswürdigkeit erfordert.

Vorurteile zu überwinden und Toleranz zu entwickeln gehört zu den Aufgaben auf dem von Jupiter vorgezeichneten Lebensweg. Dazu braucht es auch eine gewisse Orientierung, sodass Glaube, Religion, Philosophie und geistig-moralische Vorbilder eine wichtige Rolle spielen. Die zum Ausdruck gebrachte positive Art, an die Dinge heranzugehen, in Erwartung, dass die Welt einem entgegenkommt, kann bewirken, dass dem Zuversichtlichen vieles in den Schoss fällt. Allerdings muss man sich davor in Acht nehmen, zu viel zu versprechen, manches für selbstverständlich zu nehmen oder sich besser darzustellen, als man ist, weil auf diese Weise Sympathien verscherzt werden können.

Aspekte des Neumondes zum Saturn

Mit einem Aspekt des karmischen Neumondes zum Saturn sind Sicherheit, Klarheit, Verlässlichkeit und der Wille, ein Werk zu vollenden und es in einem bestimmten Bereich zur Meisterschaft zu bringen, zentrale Motive dieser Inkarnation. Der Drang festen Boden unter die Füsse zu bekommen und etwas Solides aufzubauen das Bestand hat, ist ein wichtiger Antrieb, um sich anzustrengen, durchzuhalten und Widerstände, Rückschläge und Hindernisse zu überwinden. Das Leben schafft dabei Gelegenheiten, einen eisernen Willen zu entwickeln und durch Ausdauer, Durchhaltevermögen sowie Ehrgeiz ambitiöse Ziele zu erreichen und sich damit Anerkennung und Respekt zu verschaffen. Dies kann im Rahmen eines Berufes in einer Behörde, einer staatlichen Einrichtung, einer Institution oder einem etablierten Unternehmen stattfinden. Insbesondere eignen sich Tätigkeiten, die mit Regeln, Gesetzen, Verordnungen, Anleitungen, Richtlinien und Massstäben zu tun haben oder generell Ernsthaftigkeit, Pflichtgefühl, Korrektheit und Geradlinigkeit erfordern.

Geduld und Beharrlichkeit sind damit wichtige Faktoren der Lebensplanung, denn es sind Traditionen zu bewahren und Bewährtes fortzusetzen. Auch weiss man, dass einem nichts geschenkt wird und es Zeit braucht, bis man konkret etwas in Händen hat. Stärken liegen insbesondere in der Fähigkeit zu gestalten, zu ordnen, zu organisieren und konsequent zu strukturieren. Da dies aber bedeutet, dass man sich recht viel Verantwortung auflädt, kann eine allzu kritische und perfektionistische Haltung um sich greifen, die der Lebensfreude im Wege steht. So ist es sinnvoll, an einem bestimmten Punkt des Lebens, wenn schon manche der Ziele die man sich vorgenommen hatte erreicht sind, einen Marschhalt einzuschalten und sich für die Anstrengungen, die man auf sich genommen hat, im Hinblick auf das Erreichte zu loben. Ähnlich kann es einem ergehen, wenn man durch harte Arbeit und viel Disziplin Selbständigkeit oder eine Position erreicht hat, in der man sich die Richtlinien, die man befolgt, selbst vorgibt. In diesem Fall kann eine Freude ob des gelungenen Werks einkehren, die eine nachhaltige Entspannung ermöglicht.

Aspekte des Neumondes zum Uranus

Mit einem Aspekt des karmischen Neumondes zum Uranus sind Freiheit, Eigenständigkeit und Unangepasstheit zentrale Motive dieser Inkarnation. Der Drang, die eigene Individualität zu betonen, auszusteigen oder sich von anderen abzuheben, ist ein wichtiger Antrieb, um jenseits ausgetretener Pfade und vorgegebener Bahnen eigene Wege zu gehen. Blitzartige, intuitive Erkenntnisse und geniale Ideen können einem dabei wie von alleine zufallen, sodass man den Mut, etwas Neues auszuprobieren und unkonventionelle Wege zu gehen, einsetzen kann um seine Ziele zu erreichen. Dafür eignen sich insbesondere Berufe, in denen Innovationen, Erfindungen, Entdeckungen und Neuerungen eine wichtige Rolle spielen. Dies gilt auch für jede Tätigkeit, die Raum für Kreativität und eigene Entscheidungen lässt und Spontaneität, Originalität sowie Experimentierfreude belohnt.

Untergegangene Kulturen können dabei eine ebenso grosse Faszination auslösen wie gesellschaftliche und technische Entwicklungen, Netzwerke und blitzschnelle Formen der Kommunikation, Zukunftsforschung, Utopien, Umbrüche und Revolutionen. Allerdings steht man derart unter Strom, dass eine innere Unruhe um sich greifen kann. Im Weiteren ist die Neigung, häufig das Gegenteil von dem zu tun, was von einem erwartet wird, und die Rebellion gegen Regeln, Autoritäten, Einschränkungen und Routine mit einem Kräfteverschleiss verbunden, der aufwändig ist und produktive Kontinuität erschwert. Umso wichtiger ist es, sich durch Kompetenz und fortschrittliches Wissen eine Basis zu erarbeiten, die es einem ermöglicht gemäss dem eigenen Rhythmus zu handeln, ohne auf die Anweisungen anderer warten zu müssen. Auf diese Weise wird es möglich, jenen Punkt zu erreichen, von welchem aus man mit gesunder Distanz auf die Menschheit und das eigene irdische Dasein blicken kann, was ein Gefühl von Freiheit auslöst und eine erhellende und bewusstseinserweiternde Wirkung hat.

Aspekte des Neumondes zum Neptun

Mit einem Aspekt des karmischen Neumondes zum Neptun sind Träume, Sehnsüchte und Ideale zentrale Motive dieser Inkarnation. Der innige Wunsch nach Einigkeit und Verbundenheit, nach romantischem und mystischem Zauber, aber auch der Drang, das Leid in der Welt zu lindern, sind dabei wichtige Antriebe. Ein feines Gespür für Stimmungen und Atmosphäre, für Unterschwelliges und Übersinnliches, lässt vieles geradezu hellsichtig erahnen. So erreicht man seine Ziele selten auf direktem oder bewusstem Weg, vielmehr wird man allmählich und scheinbar unbeabsichtigt an den richtigen Ort gespült, indem man die Dinge geschehen, sich leiten und treiben lässt. Dafür geeignet sind helfende, heilende oder kreative, musische und künstlerische Berufe und ganz allgemein jede Tätigkeit, die Hingabe, Selbstlosigkeit, Feingefühl, Empathie oder Fantasie erfordert.

Kollektive Ereignisse und gesellschaftliche Strömungen, Rätsel und Geheimnisse, Spiritualität und feinstoffliche Energien ebenso wie alles Verschleierte und Verborgene üben eine besondere Faszination aus und drängen dazu, das Banale zu verklären und dem grauen Alltag zu entfliehen. Dies kann bewirken, dass es schwerfällt, Halt in der Wirklichkeit zu finden, weil Unangenehmes verdrängt, Konflikte vermieden oder das Ersehnte unkritisch idealisiert wird. Um nicht in Chaos und Verträumtheit abzugleiten, ist es umso wichtiger, den beschriebenen Tendenzen durch feste Verankerung in sicherheitsspendenden Strukturen, sei dies in der Arbeit oder in den Beziehungen, Einhalt zu gebieten. Stabilisierend ist es auch, wenn Einfühlungsvermögen und Hilfsbereitschaft dadurch eine Konkretisierung finden, dass man sich helfend betätigt oder an Projekten mitwirkt die darauf abzielen, komplexe Zusammenhänge über einleuchtende Bilder und Symbole herüberzubringen.

Aspekte des Neumondes zum Pluto

Mit einem Aspekt des karmischen Neumondes zum Pluto sind Überlebensthemen, aber auch Transformation, Wandel und der Drang, in die Tiefe zu gehen und Verborgenes aufzudecken, zentrale Motive dieser Inkarnation. Das Bedürfnis nach Intensität, Einfluss und Wirksamkeit ist daher ein wichtiger Antrieb, um sich einer Aufgabe oder einem Menschen bedingungslos, mit Haut und Haaren zu verschreiben. Dabei kommt psychologisches Verständnis für die Motivationen der Mitmenschen und ein instinktives Gespür für Unstimmigkeiten, Unaufrichtigkeit und menschliche Schwachstellen zum Tragen, was hilft die eigenen Ziele zu erreichen. Dies kann mit viel Charisma einhergehen, welches offen oder hinter den Kulissen im Verborgenen zum Ausdruck kommt.

Diese Stärken befördern insbesondere therapeutische, detektivische oder forschende Tätigkeiten und helfen in Krisensituationen, die erforderlichen Schritte zu unternehmen, indem man radikal durchgreift. So kommen mit einem solchen Aspekt Funktionen infrage, die Verschwiegenheit und Diskretion, Furchtlosigkeit oder schöpferische Kräfte erfordern, die aus einem beeindruckenden Energiereservoir geschöpft werden.

Kollektive, schicksalhafte Ereignisse, gesellschaftliche Machtverhältnisse ebenso wie persönliche Macht/Ohnmacht-Erfahrungen dürften diese Inkarnation in starkem Masse prägen. Dabei ist eine gewisse Problematik darin zu sehen, dass man sich in extremen Fällen im Streben nach Macht und Kontrolle Feinde schafft oder in Abhängigkeiten und ungesunde Verstrickungen gerät. Zudem fällt es nach einem Verlust oder einem Scheitern schwer loszulassen, sich zu verändern und neu zu beginnen. Gerade an diesem Punkt kann aber eine grosse Wandlungsfähigkeit ins Spiel kommen, indem man sich den menschlichen Abgründen stellt, den Finger in die Wunde legt und dorthin schaut, wo es unangenehm ist und wehtut, um das Unterste nach oben zu kehren und einen tiefgreifenden Prozess der Heilung und des Wandels in Gang zu bringen.

Aspekte des Neumondes zum Chiron

Mit einem Aspekt des karmischen Neumondes zum Chiron sind Achtsamkeit und Behutsamkeit sowie Verwundung und Heilung zentrale Motive dieser Inkarnation. Das Bewusstsein der eigenen Verletzlichkeit und der Wunsch, das Leid in der Welt zu lindern, sind dabei wichtige Antriebe, um eine besondere Gabe, die man mitbekommen hat, zu nutzen. So fällt es mit dieser Stellung nicht gerade leicht, Ziele auf dem direkten und geradlinigen Weg zu erreichen oder für die eigenen Bedürfnisse einzustehen. Vielmehr dürfte das Paradoxon gut bekannt sein etwas zu wollen, das man zugleich unbewusst meidet, weil man es im Grunde nicht aushält, wenn es sich erfüllt. Die Schwierigkeit, Dinge für sich selbst zu wollen und damit Erfolg zu haben, schwindet allerdings, wenn der Kontakt mit der eigenen Verletzlichkeit dazu führt, dass man sich mit anderen zusammentut, um sich gegenseitig beizustehen. Dann kann man erleben, dass andere, die die gleichen Probleme haben wie man selbst, hilfreich sein können, weil sie alternative Methoden des Umgangs mit dem wahrgenommenen Übel entwickelt haben. So kann diese Konstellation auf einen helfenden, heilenden, medizinischen oder therapeutischen Beruf ausmünden, wobei sich im weitesten Sinn jede Tätigkeit eignet, die Hilfsbereitschaft, Empathie und intuitives Wissen erfordert.

Schlüsselerlebnisse, bei denen man als Lehrer, Ratgeber und Mentor anderen den Weg weist, ebenso wie schicksalhafte Begegnungen mit Menschen, die einen heilsamen Einfluss ausüben, spielen in dieser Inkarnation eine besondere Rolle. Eine gewisse Problematik kann allerdings dann entstehen, wenn Schwächen überspielt und Gefühle der Scham und der Wut, auf ungerechte Weise verwundet, eingeschränkt oder zurückgewiesen zu werden, verdrängt und negiert werden. Auch kann es Schwierigkeiten bereiten, wenn man Beziehungen und Nähe nur zulassen kann, sofern man selbst in der Geberrolle ist, weil dies die Gefahr birgt, ein Burnout zu erleiden. Besser ist es – und in dieser Erkenntnis und Akzeptanz kann eine grosse Stärke liegen –, wenn man sich der eigenen Hilflosigkeit und der schmerzlichen Einsicht stellt, dass nicht jede Krankheit oder Wunde heilen kann. Daraus können Qualitäten hervorgehen wie Güte, Weisheit, Milde und ein tiefes Mitgefühl und Verständnis für alle leidenden Kreaturen.

Aspekte des Neumondes zur Lilith

Mit einem Aspekt des karmischen Neumondes zur Lilith sind schöpferische Fähigkeiten, Intuition und die Auseinandersetzung mit einer als machtvoll und/oder verführerisch erlebten Weiblichkeit zentrale Motive dieser Inkarnation. Im weiblichen Fall kann das Bewusstsein der eigenen Kraft und Stärke und der Drang, andere aufzurütteln und gegen Ungerechtigkeiten auf die Barrikaden zu gehen, wichtige Antriebe und Aktionen auslösen. Im männlichen Beispiel geht es in Anbetracht erlebter weiblicher Power um männliche Identitätssuche und Selbstfindung, damit man als Mann einer Frau auch in Beziehungs- und Gefühlsfragen auf Augenhöhe begegnen kann.

Vermutlich fällt es nicht leicht, die eigenen Ziele zu erreichen oder für seine Bedürfnisse einzustehen, denn es ist denkbar, dass man etwas will, welches gleichzeitig sowohl als anziehend und faszinierend als auch als dunkel, bedrohlich und beängstigend erlebt wird. Dies verbindet sich aber wiederum mit der Gabe, anderen Menschen einen Zugang zu verborgenen Empfindungen und Potenzialen zu eröffnen.

Vielleicht wird dabei der eigene gute Zugang zum Irrationalen, Unbewussten und Seelischen genutzt, sodass eine kreative, künstlerische, psychologische oder die Gesellschaft verändernde Tätigkeit im Vordergrund steht. Es kann aber auch ein Beruf infrage kommen, der mit der Geschlechterthematik und dem Verhältnis zwischen Mann und Frau oder mit Minderheiten, Randgruppen und Aussenseitern zu tun hat.

Schlüsselerlebnisse, bei denen Begeisterung oder Empörung als Antrieb und Motor genutzt werden, um andere zu initiieren ebenso wie schicksalhafte Begegnungen mit Menschen, die einem die Augen öffnen, spielen in dieser Inkarnation eine besondere Rolle. Ein Schattenthema kann dabei die Gefahr sein, zum Sündenbock abgestempelt zu werden oder selbst andere dafür zu verdammen, dass sie sich in der Gestalt des Dämons zeigen, den man bei sich selbst nicht sehen will. Durch Auseinandersetzung mit den eigenen ambivalenten Gefühlen kann es aber auch gelingen, Menschen den Spiegel vorzuhalten, damit sie Spaltungen überwinden, den eigenen blinden Fleck erkennen und das Fehlende heimholen und integrieren können.

Neue Aspektfiguren im Karmischen Neumondhoroskop?

Bei der Besprechung des Karmischen Neumondhoroskops **Barack Obamas** (*Fig. 6* auf S. 37) im Kapitel «Die verschiedenen Schritte zur Deutung des karmischen Neumondes» wurde beschrieben, wie der Neumond, als Halbsumme von Venus/Pluto wie auch im jeweiligen Halbquadrat zu diesen beiden Planeten, ein im Neumondhoroskop achsennahes Quadrat zwischen Venus am MC und Mars/Pluto am AC aktiviert. Diese Verbindung zwischen den beiden Libido-Planeten und Pluto unter Mitwirkung des Neumondes, die den Magnetismus des amerikanischen Präsidenten erklärt, aber auch zur Polarisierung führte – weil jene, die mit ihm als Person oder seinem Programm nicht einverstanden waren, sich durch seine Strahlkraft bedroht fühlten –, ist im Radix kaum erkennbar. Zwar würde eine detaillierte Untersuchung der Halbsummenstrukturen des Geburtshoroskops Barack Obamas zutage fördern, dass zwischen Venus und Sonne ca. 41 Grad liegen und dies auch für die Distanz zwischen Sonne und Mars gilt (40 Grad), aber wer macht sich die Mühe, solche detaillierten Studien durchzuführen, bei denen man eine unübersichtliche Fülle von nebensächlichen Informationen sichten muss, bis man auf bedeutsame Kernthemen stösst? Besonders wenn das Neumondhoroskop uns solche unübersehbar vor Augen fuhrt! Wenn wir das Karmische Neumondhoroskop miteinbeziehen, richten wir unseren Blick somit nicht nur auf die integrationsträchtigen Spannungsaspekte von Obamas Geburtshoroskop in der Form eines Spannungsdreiecks zwischen Mond, Pluto und Chiron, eines Sonne/Neptun-Quadrates und einer Opposition zwischen Merkur, Jupiter und Saturn, sondern wir erkennen sogleich, dass das eingangs erwähnte Spannungsdreieck, welches den Mond ins Spiel bringt, dadurch dass sich im Neumondhoroskop die Venus an der Stelle des Radix-Mondes befindet, durch ein kraftvolles, magnetisches Szenario unterlegt wird, welches eine charismatische Ausstrahlung vermittelt, die Menschen nicht kalt lässt.

Wir erkennen auch auf Anhieb, dass Obamas Talent, durch die Geschichten, die er erzählt, und die Bilder, die er evoziert, die Menschen in seinen Bann zu ziehen, nicht nur mit dem Sonne/Neptun-Quadrat und der Merkur/Jupiter-Opposition seines Geburtshoroskops zu tun hat, sondern auch damit, dass zwischen Neumond- und Radixhoroskop ein Merkur/Jupiter/Neptun-Spannungsdreieck entsteht, was einen reichen Fundus liefert, um hinsichtlich Fantasie und inspirierenden Erzählungen aus dem Vollen zu schöpfen. Hinzu kommt, dass die Radix-Venus auf dem Neumond-Merkur im Krebszeichen insbesondere bei jemandem, der mit einer Löwe-Sonne über einen Krebs-Neumond verfügt, dazu beiträgt, dass die Menschen nicht nur über Worte, sondern auch über Emotionen und Bilder angesprochen werden, was zwischen Vortragendem und Zuhörern eine starke Verbindung schafft.

Ähnliches lässt sich aus dem Karmischen Neumondhoroskop von **Winston Churchill** (siehe *Fig.16* auf S. 88) herauslesen, indem uns auf Anhieb das stark gestellte und um die Achsen liegende Grosse Quadrat zwischen Neumond, Saturn, Pluto und Uranus auffällt, an welches durch Halbquadrate Mars und Venus angehängt sind. Wenn wir aufgrund dieser Konstellation davon ausgehen, dass wir es mit jemandem zu tun haben, der sich als Krisenbewältiger einen Namen macht, liegen wir in diesem Fall sicher nicht falsch und die Verbindungen zu Mars und Venus könnten neben kreativen Veranlagungen – Churchill malte mit grossem Vergnügen – darauf hinweisen, dass es in seinem Leben auch um den Umgang mit Krieg und Frieden ging. Jedenfalls fällt uns die Wichtigkeit einer kraftvollen Figur auf, deren Herz der Neumond auf 17 Grad Skorpion ist, eine Stellung die durch den Radix-Merkur auf 17 $^+$ Grad getriggert wird. Eine Konstellation, die im für England und die Welt entscheidenden Moment der Wahl Churchills zum Premierminister im Jahre 1940 in dessen Radixhoroskop zusätzlich durch den progressiven Aszendenten auf Radix-Merkur und karmischem Neumond ausgelöst wurde.

Interessanterweise findet zwischen dem karmischen Neumond im ersten Haus des KN-Horoskops und dem Merkur des Geburtshoroskops auch bei **Goethe** eine weite Konjunktion statt. Diese würden wir aufgrund der Regel, die wir für Übereinstimmungen zwischen Stellungen des Radix und solchen des Karmischen Neumondhoroskops aufgestellt haben, einen Orb von bis zu 5 Grad zu berücksichtigen, normalerweise übergehen, wenn nicht gleichzeitig der Radix-Merkur im Orb von 7 Grad in Opposition zum Uranus stehen würde, mit einem Mittelwert, der zwischen 22 und 23 Grad fix über die AC/DC-Achse zum Ausdruck kommt. Dieser bedeutsame Mittelwert auf 22–23 Grad fix lädt uns dazu ein, die Überlagerung zwischen der Merkur/Uranus-Opposition im Radixhoroskop Goethes und der Neumond/Uranus-Opposition in seinem Neumondhoroskop zu berücksichtigen, und dies legt nahe, warum Goethe im Zusammenhang mit dem Merkur – Planet des mündlichen und schriftlichen Ausdrucks – über jene enorme Schaffenskraft verfügte, die vorhanden ist, wenn ein Radixplanet an das Kraftwerk des Neumondes angeschlossen ist. Dabei kamen Goethe über die Aspekte der Neumondfigur Originalität (Uranus), Tiefgang (Pluto) und beharrliches Dranbleiben (Saturn) zugute.

Ein weiteres Beispiel dafür, wie das Karmische Neumondhoroskop Qualitäten, die im Radixhoroskop zwar erkennbar, aber nicht sehr deutlich angezeigt sind, recht prägnant ins Zentrum der Betrachtung heben kann, liefert das karmische NM-Horoskop von **Albert Einstein.** Mit dessen Radixhoroskop *(Fig. 33)* haben sich aus begreiflichen Gründen schon viele Astrologen beschäftigt, und ich kann mich erinnern, die einzigartige Bedeutung des Planeten Uranus in seiner Geburtskonstellation damit erklärt bekommen zu haben, dass dieser – zusammen mit dem Mond der einzige Planet in der unteren Hälfte des Horoskops – deshalb eine grosse Bedeutung haben soll, weil er als Spannungsherrscher in einem sonst nicht besetzten Teil des Radix fun-

Fig. 33

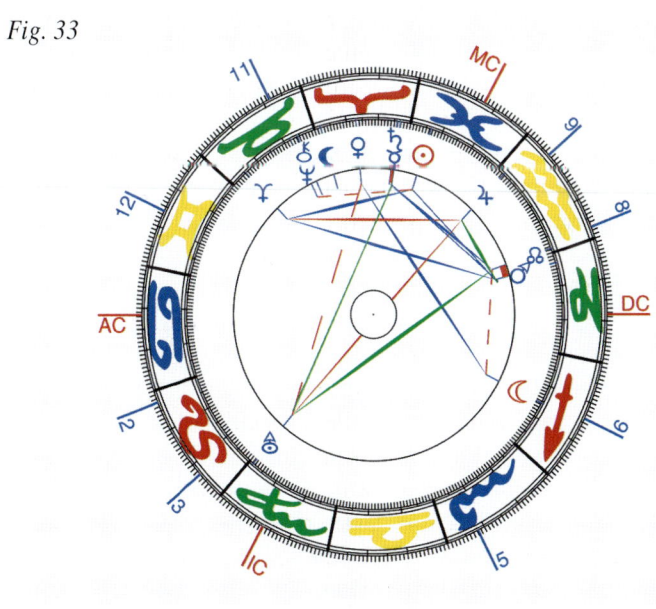

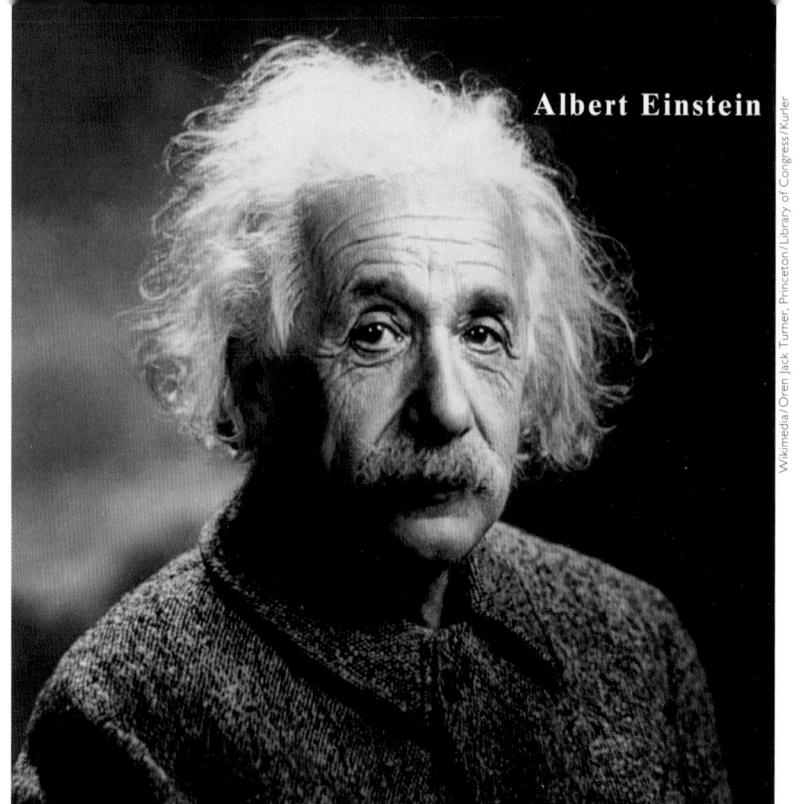

Albert Einstein

giert. Hinzu kommt ganz sicher, dass der Uranus auch schon deshalb bedeutsam ist, weil er zu vielen schnelleren Planeten Aspekte bildet, so zum Beispiel zum in seinem Zeichen (Wassermann) stehenden Jupiter eine Opposition, dann zu Merkur/Saturn ein Quinkunx und zur Venus ein Anderthalbquadrat. Man könnte auch argumentieren, dass aufgrund des zwischen Jupiter und Pluto existierenden Quadrates ein Spannungsdreieck zwischen Uranus in Opposition zum Jupiter und im Quadrat zum Pluto besteht, auch wenn in *Fig. 33* (vorherige Seite) das Quadrat zwischen Uranus und Pluto, weil es im Orb von 6½ Grad stattfindet, nicht eingezeichnet ist. Mit beiden Planeten in Erdzeichen verläuft dieses auch nicht innerhalb der Qualitäten eines Kreuzes, sodass es in abgeschwächter, harmonischerer Form daherkommt.

Das Horoskop von Einstein zeige ich in meinen Kursen gerne, wenn es um die Illustration der Mondknotenachse geht, im vorliegenden Fall vom achten zum zweiten Haus, inklusive einer Konjunktion des Mars mit dem aufsteigenden Mondknoten; eine Stellung, die mir als Beispiel dafür dient, wie man mit einer solchen Stellung den Mars vielleicht zu vermeiden sucht, er einen aber trotzdem einholt. So ist es interessant sich zu vergegenwärtigen, dass Albert Einstein Pazifist war, er jedoch dennoch massgeblich zum Bau der Atombombe – der gefährlichsten Waffe, die es gibt – beigetragen hat. Aus Angst davor, dass Nazi-Deutschland beim Bau einer Atombombe schneller sein könnte, spornte er US-Präsident Roosevelt dazu an, entsprechende Mittel für die Atomwaffenforschung zu bewilligen, damit die USA nicht von der Gegenseite überrumpelt werden.

Zusätzlich dient das Horoskop Albert Einsteins als Beispiel dafür, wie positiv und tiefgehend die Wirkung einer Merkur/Saturn-Konjunktion – im vorliegenden Fall im Widderzeichen und im Aspekt zum Uranus – auf die Konzentrationsfähigkeit und Tiefgründigkeit des Denkens sein kann. So weit, so gut, wird man sagen und man kann zweifellos mit der astrologischen Ausbeute des Radixhoroskops zufrieden sein. Dennoch bringt auch in diesem Fall das Karmische Neumondhoroskop neue Erkenntnisse in die Deutung ein:

Beginnen wir bei der Häuserstellung und den Aspekten des karmischen Neumondes. Das zweite Haus hat bekanntlich mit Besitz und Selbstwert, aber auch mit Materie und konkreter Form zu tun. Dessen starke Besetzung in Einsteins KN-Horoskop (*Fig. 17* auf S. 90) zeigt, dass Fragen des Haben und Seins sowie der Form und deren Auflösung Einstein stark beschäftigt haben dürften, insbesondere im Zusammenhang damit, dass Uranus als Prinzip der Überraschung, der Revolution und der Sprengung der konkreten Form im achten Haus steht, jenem Bereich der Transformation und der Grenzsituationen, in welchem alles, was erstarrt ist, eine Verwandlung oder Auflösung erfährt, damit die Energien wieder in Fluss kommen. Aufgrund dieser in seinem Horoskop angelegten Thematik zwischen Haus zwei und Haus acht im KN-Horoskop, die sich auch im Radixhoroskop mit der Mondknotenachse 8/2 (und in Wassermann/Löwe) widerspiegelt, hat Einstein einen Durchbruch geschaffen, der das moderne wissenschaftliche Weltbild grundlegend verändert hat. Übertragen auf seelische Prozesse legt die Formel, gemäss welcher Materie in Energie umgewandelt werden kann, aber auch eine direkte Analogie zur Karma-Lehre nahe: Mit dem Inkarnationsprozess verdichtet sich seelische Energie zu materieller Ausgestaltung in Form eines Körpers (zweites Haus), der sich mit dem Tod (achtes Haus) wieder in seelische Energie verwandelt.

Um solche Verbindungen zu erkennen, stellt der karmische Neumond im zweiten Haus und in Fische, wie im Falle Einsteins, eine günstige Voraussetzung dar, denn das Fischezeichen hat eine Affinität dazu, materielle Dinge, die andere als unumstössliche Gewissheiten betrachten, aus einer relativistischen Betrachtungsweise heraus anzugehen, letztlich ahnend, dass wie die Inder es formulieren die materiellen Erscheinungen der Welt der Maya und der Täuschung entspringen, während das Beständige in transzendentalen Einsichten zu finden ist.

Dabei ist es faszinierend, dass die Aspekte, die Einsteins karmischer Neumond zu anderen Horoskop-Faktoren bildet, sich auf den Hauptaspekt der bogenminutengenauen Opposition zum Uranus und einem Halbsextil zum Saturn konzentriert. Würde man versuchen, Einsteins Entdeckung der Relation zwischen Materie und Energie in Symbole zu kleiden, würde man es kaum besser definieren können als Einsteins Neumond-Konstellationen es zum Ausdruck bringen.

Aufschlussreich ist aber auch, dass hinsichtlich Denken und Ausdruck im Karmischen Neumondhoroskop Einsteins eine neue Figur erkennbar wird, die den Merkur durch eine Konjunktion mit dem Jupiter verbindet, die zum Pluto im Quadrat steht. In dieser Kombination erkennen wir den Auftrieb und die Unternehmungslust, die Einstein dazu bewegt haben muss, mit seinem Anliegen an den Präsidenten der USA zu gelangen, womit er auch Erfolg hatte. Für einen solchen kühnen Schritt hätte die Merkur/Saturn-Konjunktion seines Geburtshoroskops, im eingeschlossenen Widderzeichen, wohl nicht ausgereicht.

Im Hinblick auf den Umgang mit Durchsetzungsenergien und Aggression ist auch aufschlussreich, dass im KN-Horoskop Einsteins der Mars im Steinbockzeichen am Aszendenten steht – eine klassische Kriegerkonstellation – und diese Stellung zusätzlich durch den Deszendenten des Geburtsmoments (siehe *Fig. 33* auf S. 135) aktiviert wurde, während sonst die Geburts-Sonne auf der Venus des KN-Horoskops zu liegen kam.

Dies ist bloss eine kleine Illustration für die zusätzlichen Deutungsmöglichkeiten des Geburtshoroskops, die die Betrachtung des Karmischen Neumondhoroskops eröffnet.

Die Aszendent/Deszendent-Achse im Karmischen Neumondhoroskop

Genau wie im Geburtshoroskop lässt sich für das Karmische Neumondhoroskop ein Aszendent berechnen, dem ebenso wie im Radix grosse Bedeutung zukommt. Stellt nämlich der karmische Neumond im Haus und im Zeichen, in denen er sich befindet, eine Art Powerstation dar – ähnlich oder noch etwas markanter, als es im Geburtshoroskop die Sonne ist, die man als Zentrum des Willens und des Lebensantriebs betrachtet –, so bringt der Aszendent zum Ausdruck, auf welche Art und mithilfe welcher Qualitäten wir unsere Energien in die Welt bringen. Vorsichtig und diskret, wie dies bei einem Jungfrau-Aszendenten der Fall sein könnte, oder stürmisch und mit grosser Begeisterung, wie es ein Widder-Aszendent nahelegt. Hinter der Maske, die der Aszendent unseres Geburtshoroskops verkörpert, wird mit dem Aszendenten des Karmischen Neumondhoroskops eine weitere Schicht unseres Wesens sichtbar, die in engem Zusammenhang steht mit den Qualitäten, die wir zutiefst schätzen und hochhalten, manchmal aber auch ablehnen oder auf andere Menschen projizieren. Diese zusätzliche Dimension, die unser Kontaktverhalten beschreibt, kann lange unbewusst bleiben, prägt aber dennoch das Verhalten und ist für die Deutung der karmischen Motivationen von grossem Interesse.

Die nun folgenden Deutungen des Aszendenten im Karmischen Neumondhoroskop sind Anregungen um zu verstehen, wie die Energien des Neumondes nach aussen zum Ausdruck kommen, und welche eigene zweite Natur damit sichtbar oder zumindest spürbar wird.[13]

Aszendent in Widder

Mit dem Aszendenten des KN-Horoskops im Widderzeichen spielen Selbstbehauptung, Spontaneität und Impulsivität in der Interaktion mit der Umwelt eine wichtige Rolle. Ein zentrales Anliegen ist dabei der Drang vorwärts zu kommen, sich durchzusetzen, der Erste zu sein und sich mit anderen in einem Wettkampf zu messen. Diese Veranlagung kann unterschwellig wirken und kaum bewusst sein. Sie prägt jedoch das Auftreten und lässt die Person mutig und willensstark, manchmal aber auch hitzköpfig und egoistisch erscheinen. Die Spannung und kribbelnde Energie, die bei einem Neuanfang, in unbekannten Situationen, in der Liebe beim ersten Kennenlernen oder am Beginn eines beruflichen Projekts verspürt wird, ist eine wichtige Motivation, um sich ins Leben zu stürzen, Vorreiter zu sein und Neuland zu betreten.

Diese Impulsivität, die den äusseren Ansporn sucht, kann bedeuten, dass man häufiger in Streitigkeiten und Konflikte verwickelt wird. So wird zuweilen impulsiver, hitziger und dickköpfiger reagiert, als man es beabsichtigt. Ist jedoch ein konstruktives Ziel vorhanden, um sich zu beweisen und die eigene wilde, stürmische Energie einzubringen, ist man in der Lage Prioritäten zu setzen und unerschrocken danach zu handeln.

Aszendent in Stier

Mit dem Aszendenten des KN-Horoskops im Stierzeichen spielen Besonnenheit, Gemütsruhe und Sinnlichkeit in der Interaktion mit der Umwelt eine wichtige Rolle. Ein zentrales Anliegen ist der Wunsch sich abzusichern und etwas zu finden, was lange Bestand hat, dabei aber auch die schönen Seiten des Lebens und der Liebe zu geniessen. Daher ist man bestrebt, sich beruflich und finanziell etwas Solides aufzubauen und Wurzeln zu schlagen, indem eine feste Beziehung eingangen wird und man sich in die Gemeinschaft einfügt. Diese Veranlagung kann unterschwellig wirken und am Anfang des Lebens wenig bewusst sein, aber sie prägt Auftreten und Ausstrahlung durch Gutmütigkeit und Gelassenheit bis zur Schwerfälligkeit.

Die Liebe zum Natürlichen, Vertrauten und Bewährten ist dabei eine wichtige Motivation, um Rituale, Gewohnheiten und Traditionen zu pflegen. Vielleicht wird lange gezögert, indem man die verschiedenen Möglichkeiten abwägt, aber mit der Entscheidung für einen Beruf, eine Investition oder eine Liebe kehrt Beständigkeit und Beharrlichkeit ein. Schwieriger fällt es allerdings, mit plötzlichen Veränderungen umzugehen oder den eigenen Besitz wieder loszulassen.

Aus diesem Grunde ist es wichtig nicht stehenzubleiben, wenn etwas Neues ausprobiert werden sollte, ebenso wie es besser ist, sich anbahnende Konflikte auszutragen statt auszusitzen. Chancen sollten nicht dadurch verbaut werden, dass auf stur geschaltet und am Alten festgehalten wird. Wegen Tendenzen zur Trägheit ist es sinnvoll, eine konkrete Aufgabe zu haben, um Begabungen und Talente produktiv zu nutzen, statt im Übermass der Neigung nachzugeben, in irdischen Genüssen zu schwelgen.

Aszendent in Zwillinge

Mit dem Aszendenten des KN-Horoskops im Zwillingezeichen spielen Aufgeschlossenheit, Kommunikation und Unbeschwertheit in der Interaktion mit der Umwelt eine wichtige Rolle. Ein zentrales Anliegen ist dabei der Wunsch, offen und beweglich zu bleiben und immer gut informiert und auf dem Laufenden zu sein. Diese Veranlagung kann unterschwellig wirken und anfänglich wenig bewusst sein. Sie prägt jedoch das Auftreten und vermittelt eine lebhafte, quirlige, geistreiche, manchmal aber auch leichtfertige und etwas oberflächliche Note. Vielseitige Interessen und die Neugier auf alles Unerforschte sind eine wichtige Motivation, um unentwegt unterwegs zu sein, unter die Menschen zu gehen, den Austausch zu suchen und Neues zu lernen.

Diese Stellung befähigt dazu, jede Perspektive einzunehmen und sich alle möglichen, auch widersprüchlichen, Argumente zu eigen zu machen, ohne sich jedoch festzulegen.

Damit ist eine gewisse Gefahr verbunden sich zu verzetteln und vieles anzufangen, ohne es zu beenden, immer auf dem Sprung, eine neue Gelegenheit zu ergreifen und eine bisherige Sichtweise aufzugeben, wenn sich etwas Interessanteres bietet. So lautet das Motto: Leichtfüssig und frei durchs Leben zu gehen und sich bietende Möglichkeiten geschickt zu nutzen. Dabei zählen der Ausdruck in Schrift und Sprache sowie die Gabe zu verhandeln und Wissen zu vermitteln zu den grossen Stärken dieser Konstellation.

Aszendent in Krebs

Mit dem Aszendenten des KN-Horoskops im Krebszeichen spielen Gefühlsausdruck, Vertrautheit und Geborgenheit in der Interaktion mit der Umwelt eine wichtige Rolle. Ein zentrales Anliegen ist dabei, das Gefühl zu haben beruflich und privat anzukommen, Wurzeln zu schlagen sowie eine Heimat und ein Zuhause zu finden. Diese Veranlagung kann unterschwellig wirken, ohne voll bewusst zu sein. Sie prägt jedoch das Auftreten durch eine hilfsbereite, emotionale und anhängliche Note, die allerdings ins Launische, Kindliche oder Überfürsorgliche wechseln kann.

Ein geschütztes Umfeld zu haben, aber auch für Angehörige, Nahestehende und Schutzbedürftige da zu sein, ist eine wichtige Motivation, um spontan mit Menschen in Kontakt zu treten, deren Nähe zu suchen oder sich ehrgeizige Ziele zu setzen. Gleichzeitig führt ein ausgeprägter Sinn für Romantik und Nostalgie dazu, dass man gerne mit Menschen zusammen ist, um gemeinsam in Erinnerungen zu schwelgen. So dreht sich auch vieles um die Frage, was einem guttut und was nicht, wie man sich fühlt und was man sich wünscht. Dies ruft nach Gemeinschaft oder Zweisamkeit, während es schwerer fällt, alleine zu leben oder Gefühle, Stimmungen und Empfindungen zu verbergen.

Die Neigung, aus dem Bauch heraus zu reagieren und stark durch die jeweilige emotionale Verfassung geprägt zu sein, hat zur Folge, dass man anderen gegenüber ein wechselhaftes Gesicht zeigt. So werden Angriffe schnell als Kränkungen empfunden und es braucht einiges an Selbstüberwindung, damit man sich nicht beleidigt zurückzieht und in Selbstmitleid ergeht. Daher ist es wichtig klar zu sagen, was man will und braucht und darauf zu verzichten, das Gegenüber vor allem durch Jammern, Klagen oder Schmollen erreichen zu wollen. Einfühlungsvermögen und ein spontanes Gespür dafür, wie man Menschen berührt, bewegt und mit ihnen eine Verbindung aufbaut, zählen zu den grössten Stärken und man kann in einer fürsorglichen und umsorgenden Aufgabe richtig aufblühen.

Aszendent in Löwe

Mit dem Aszendenten des KN-Horoskops im Löwezeichen spielen Aufmerksamkeit, Warmherzigkeit und Grosszügigkeit in der Interaktion mit der Umwelt eine wichtige Rolle. Ein zentrales Anliegen ist dabei der Wunsch, beachtet und gesehen zu werden und eine geeignete Aufgabe zu haben, um sich zu verwirklichen. Diese Veranlagung kann unterschwellig wirken und anfänglich wenig bewusst sein. Sie prägt jedoch das Auftreten, gemäss welchem man sich charismatisch, lebensfroh und voller vitaler Energie, manchmal aber auch Ich-bezogen und selbstherrlich zum Ausdruck bringt. Dies geht meist mit einem gewissen Führungsanspruch einher, der jedoch von einer natürlichen Art Autorität begleitet ist, gemäss welcher eigene Entscheidungen getroffen werden in der Erwartung, dass sich andere anpassen.

Am liebsten betritt man selbst die Bühne und es fällt nicht gerade leicht, sich zurückzunehmen und zu akzeptieren, dass andere Menschen nach völlig anderen Werten, Zielen und Idealen leben. Daher ist es wichtig, etwas Abstand zu sich selbst zu gewinnen, um nicht alles persönlich zu nehmen. Das strahlende Auftreten, die lebensbejahende, sonnige Grundeinstellung und ein warmer Humor sind die grössten Stärken, aufgrund welcher sich Ziele erreichen, Herzen gewinnen und Mitmenschen beeindrucken lassen.

Aszendent in Jungfrau

Mit dem Aszendenten des KN-Horoskops im Jungfrauzeichen spielen Vorsicht, Achtsamkeit, Hilfsbereitschaft und Verlässlichkeit in der Interaktion mit der Umwelt eine wichtige Rolle. Ein zentrales Anliegen ist dabei der Wunsch, nützlich zu sein und einen ordentlichen Eindruck zu hinterlassen, indem man sorgfältig auf das eigene Erscheinungsbild achtet und spezifische Fertigkeiten entwickelt, aufgrund welcher man seine Kompetenz unter Beweis stellen kann. In der Liebe wie auch im Beruf neigt man unwillkürlich dazu, das Positive wie Negative zu analysieren.

Diese Veranlagung kann unterschwellig wirken und anfänglich wenig bewusst sein. Sie prägt jedoch das Auftreten, zwingt zur Zurückhaltung und zu methodischem und vernünftigem Vorgehen, welches zuweilen jedoch auch etwas zögerlich und spröde wirken kann. Das Bestreben, Mängel auszugleichen und immer besser zu werden, ist eine wichtige Motivation, um an sich zu arbeiten. Zugleich ist eine soziale, hilfsbereite Ader am Werk und dies erleichtert es, sich in die Gemeinschaft einzubringen und seinen Teil zum Funktionieren des Ganzen beizutragen. Allerdings kann man bei sich und anderen nur schwer über Fehler und Unvollkommenheiten hinwegsehen.

Dies hat zur Folge, dass man besser fährt, wenn es gelingt den übermässigen Perfektionismus zu dem man neigt einzudämmen, indem man lernt, es nicht immer so genau zu nehmen, sich selbst so zu akzeptieren wie man ist und auch andere Menschen so zu lassen, ohne gleich an das zu denken, was nicht stimmt. So ist es wichtig, etwas mehr Gelassenheit und Gleichmut zu entwickeln, auch wenn die exakte Beobachtungsgabe und der scharfe Blick für kleine Anzeichen und Details zu den grössten Stärken gehören, die man vorzuweisen hat. Dabei gelingt es auch, sich übers Helfen anderen Menschen zu nähern, denn man merkt sofort, wenn es dem Anderen nicht gut geht und er Unterstützung braucht. Verbindet man sein Gespür dafür, was richtig oder falsch, gesund oder ungesund, schädlich oder nützlich ist mit dem Willen, Menschen liebevoll aufzubauen, kann man mit dieser Stellung sehr viel Positives bewirken.

Aszendent in Waage

Mit dem Aszendenten des KN-Horoskops im Waagezeichen spielen Freundlichkeit, Entgegenkommen, Harmonie und Kompromissbereitschaft in der Interaktion mit der Umwelt eine wichtige Rolle. Ein zentrales Anliegen ist der Anspruch, einen gewinnenden Eindruck zu machen und gut mit anderen auszukommen, indem viel Wert auf ein ansprechendes Äusseres sowie auf Höflichkeit und gute Manieren gelegt wird. Soziale Kontakte, Freundschaften und Beziehungen spielen dabei eine wichtige Rolle, denn man geht nicht gerne alleine durchs Leben. Diese Veranlagung kann unterschwellig wirken und wenig bewusst sein. Sie prägt jedoch das Auftreten, welches charmant, gewandt, liebenswürdig und diplomatisch wirkt. Das Bestreben, Einseitigkeiten auszugleichen und ein Gegenüber zu finden, das die eigene Rolle unterstützt und bestätigt, ist eine wichtige Motivation, auf andere Menschen zuzugehen. Damit kann man allerdings für Schmeicheleien anfällig werden.

Aufgrund des grossen Bedürfnisses nach Harmonie neigt man dazu, um des lieben Friedens willen nachzugeben und Kompromisse einzugehen, auch wenn man sich mit diesen nicht ganz wohl fühlt. Auch gerät man schnell einmal in Bedrängnis, wenn man vor zwei Wahlmöglichkeiten steht. Diese Unentschlossenheit lässt sich durch eine Reflektion über die eigenen persönlichen Werte und Bedürfnisse mindern, denn objektive Kriterien und rationales Abwägen helfen bei wichtigen Fragen oder in Gefühlsangelegenheiten meist nicht weiter.

Die Fähigkeit, eine spontane Bindung zu unterschiedlichen Menschen aufzubauen und das Gemeinsame in den Vordergrund zu stellen, ist eine der grossen Stärken dieser Stellung. Zudem bringt man es fertig, mit Eleganz und Leichtigkeit verschiedene Meinungen nebeneinander stehen zu lassen, ohne daraus ein Problem zu machen. Auch gelingt es, Menschen zu erreichen, zugleich aber eine freundliche Distanz zu wahren.

Aszendent in Skorpion

Mit dem Aszendenten des KN-Horoskops in Skorpion spielen Tiefgründigkeit, Intensität und kompromisslose Hingabe in der Interaktion mit der Umwelt eine wichtige Rolle. Ein zentrales Anliegen ist dabei der Wunsch, die verborgenen Schattenseiten, Wünsche, Motive und Ängste des Gegenübers zu ergründen, ohne sich selbst in die Karten blicken zu lassen. Diese Veranlagung kann unterschwellig wirken und lange Zeit wenig bewusst sein. Sie prägt jedoch das Auftreten und vermittelt im Wechselspiel zwischen leidenschaftlicher Emotionalität und undurchschaubarer Verhaltenheit eine magnetische Ausstrahlung. Das instinktive Verlangen, hinter die Kulissen und unter die glatte Oberfläche zu blicken, stellt eine wichtige Motivation dar, um den

Finger in die Wunde zu legen und andere zu konfrontieren, wenn man spürt, dass etwas im Verborgenen gärt oder das Gegenüber eine Maske trägt. Verschreibt man sich allerdings einem Menschen oder einer Aufgabe, dann findet dies mit Haut und Haaren statt und es fällt entsprechend schwer loszulassen. Aufgrund der instinktiven Fähigkeit, die Schwachstellen der Mitmenschen zu erkennen, kann man dazu neigen, andere umkrempeln und gleichsam therapieren zu wollen. Selbst braucht man hingegen lange, bis man sich öffnet, doch soll es sich lohnen, wenn Einsatz, Energie oder Gefühle investiert werden. Daher ist es ein Anliegen, die eigenen Vorstellungen durchzusetzen und andere nach Möglichkeit mit einem unlösbaren Pakt an sich zu binden. Damit es nicht zu leidvoll wird, wenn dann doch ein Abschied oder eine Veränderung ansteht, ist es wichtig ein positives Verhältnis zu den natürlichen Kreisläufen und ein Gespür dafür zu entwickeln, dass das Leben aus Wandel besteht und es nur eine Frage der Zeit ist, bis dem Haften das frei- oder unfreiwillige Loslassen folgt. Die gut verankerte Fähigkeit Menschen in Krisen zu begleiten kann dabei helfen, wichtige Prozesse auch bei sich selbst zuzulassen.

Aszendent in Schütze

Mit dem Aszendenten des KN-Horoskops im Schützezeichen spielen Aufgeschlossenheit, Idealismus, positive Visionen und geistiger Austausch in der Interaktion mit der Umwelt eine wichtige Rolle. Ein zentrales Anliegen ist der Wunsch, etwas Gutes zu tun, sich für Wahrheit, Gerechtigkeit und Toleranz einzusetzen und sich dabei selbst als Vorbild in einem guten Licht zu präsentieren. Diese Veranlagung kann unterschwellig wirken und lange Zeit nicht bewusst sein. Sie prägt jedoch das Auftreten, welches durch gute Laune, Grosszügigkeit, Tatendrang und Begeisterungsfreude gekennzeichnet ist, manchmal aber auch scheinheilig und überheblich wirken kann. Das Bestreben etwas von der Welt zu sehen, den eigenen Horizont zu erweitern und eine sinnvolle Aufgabe zu finden ist eine wichtige Motivation, um sich hohe Ziele zu setzen und mit Menschen auszutauschen, die anderen Kulturen, Religionen, Schichten und Bildungskreisen angehören. Zugleich gelingt es, die eigene Einstellung, Meinung und Ideale überzeugend und mit grosser Begeisterung zu vertreten. Entsprechend schwer fällt es jedoch zu akzeptieren, dass Wahrheiten relativ sind und andere mit einer abweichenden Meinung genauso recht haben können.

Dies hat zur Folge, dass man es zwar gut meint, jedoch oft übertreibt, indem man sich zu viel auf einmal vornimmt oder sich überall ungefragt einmischt und mit missionarischem Eifer andere von der eigenen Sichtweise überzeugen will. Auch hindert der Drang, immer weiter und höher hinaus zu wollen und nach vorne zu schauen daran, innezuhalten, in sich zu gehen, zurückzublicken und Vergangenes zu verarbeiten. Daher ist es wichtig, bei allem sinnvollen Engagement nicht zu vergessen, auf die Gesundheit und das seelische Befinden zu achten und auf andere zu hören, damit man nicht zu viel des Guten tut. Zu den grossen Stärken zählt die Gabe, Brücken zu bauen und für Verständigung zu werben. Das nötige Gottvertrauen ermöglicht es auch, glückliche Fügungen anzuziehen, indem sich bietende Chancen im richtigen Moment genutzt werden.

Aszendent in Steinbock

Mit dem Aszendenten des KN-Horoskops im Steinbockzeichen spielen Integrität, Zuverlässigkeit und klare Regeln in der Interaktion mit der Umwelt eine wichtige Rolle. Ein zentrales Anliegen ist dabei das Bestreben, Verantwortung im Beruf, in der Gesellschaft, in der Familie, einer Beziehung oder allgemein für andere Menschen zu übernehmen und ein Leben zu führen, das Achtung und Respekt verschafft. Diese Veranlagung kann unterschwellig wirken und anfänglich wenig bewusst sein. Sie prägt jedoch das Auftreten, welches sich durch Rechtschaffenheit, Disziplin, Geradlinigkeit und Pragmatismus auszeichnet, zuweilen jedoch einen allzu ernsten, strengen und reservierten Eindruck hinterlassen kann. Der Wunsch ein Werk zu vollenden und etwas Bleibendes zu schaffen, Traditionen zu pflegen und Bewährtes zu erhalten ist eine wichtige Motivation um sich anzustrengen, Entbehrungen in Kauf zu nehmen und Hindernisse zu überwinden. Dabei werden Probleme als Reifeprüfung betrachtet und als Gelegenheit dazuzulernen, um in Zukunft noch etwas kompetenter und perfekter dazustehen.

In diesem Klima fällt es aber nicht gerade leicht locker zu lassen, sodass Spontaneität und Emotionen auf der Strecke bleiben können. Dies hat zur Folge, dass im Bemühen Haltung zu bewahren und sich zusammenzureissen, persönliche Bedürfnisse hintan gestellt oder verdrängt werden. Dies macht wiederum dazu geneigt, andere zu massregeln und zu erziehen, indem auf diese Weise festen Prinzipien, die als allgemeingültig angesehen und eisern verteidigt werden, Nachachtung verschafft wird. Manchmal liesse sich allerdings durch ein Eingehen auf das Befinden des Gegenübers mehr erreichen und es lohnt sich, neben Sachlichkeit und Fachkompetenz ein gewisses Mass an Empathie zu entwickeln. Andererseits ist die Fähigkeit zu organisieren und zu strukturieren, Fels in der Brandung zu sein und anderen Sicherheit und Halt zu geben, eine der grössten Stärken dieser Stellung. Gelingt es, auch im Bereich von Zugehörigkeit und Gemeinschaft zu punkten, hat man das beste Rezept gegen Melancholie und Einsamkeit in Händen.

Aszendent in Wassermann

Mit dem Aszendenten des KN-Horoskops im Wassermannzeichen spielen Kameradschaftlichkeit, Freiwilligkeit und Teamgeist in der Interaktion mit der Umwelt eine wichtige Rolle. Ein zentrales Anliegen ist dabei das Bestreben, anders als die anderen zu sein, sich von der Masse abzuheben und nicht mit dem Strom zu schwimmen. Dabei spielen Freundschaften mit Gleichgesinnten eine besondere Rolle, denn dies hilft, sich als Freigeist zu fühlen, der sich darüber Gedanken macht, wie eine Welt aussehen könnte, die durch Freiheit, Brüderlichkeit und Freundschaft gekennzeichnet ist. Diese Veranlagung kann unterschwellig wirken und anfänglich wenig bewusst sein. Sie prägt jedoch das Auftreten, welches durch Originalität und Kreativität geprägt ist, zuweilen aber auch exzentrisch, distanziert und elitär wirken kann. Ideale von Freiheit und Gleichheit sind eine wichtige Motivation, um zu rebellieren, auf die Barrikaden zu gehen und aus Zwängen auszubrechen, wenn zentrale Menschenrechte oder die soziale Gerechtigkeit bedroht sind. Daher fällt es schwer sich unterzuordnen, sich anzupassen, einzufügen und Regeln und Autoritäten zu akzeptieren, wenn diese den eigenen Vorstellungen und Gedankenmodellen zuwiderlaufen.

Auch die Neigung, überpersönlichen Anliegen, gesellschaftlichen Idealen oder einer Idee den Vorzug zu geben, kann dazu beitragen, dass man sich anderen Menschen entfremdet, sodass zwischenmenschliche Wärme und Herzlichkeit ebenso wie emotionale Sicherheit auf der Strecke bleiben. Auch stösst man seine Umwelt vor den Kopf, wenn man plötzlich umschwenkt und genau das Gegenteil von dem tut, was andere erwarten oder konventioneller und anders Denkende ausgrenzt und zurückweist. Wurde die Schattenseite dieses Verhaltens erkannt, kann die Einsicht aufkommen, dass man erst dann wahrhaft frei ist, wenn man nicht zwanghaft gegen etwas sein muss, sondern die Aufgaben und Bindungen, die man eingegangen ist, aus freiem Willen bestmöglich ausfüllt. Erfindungsgabe und der Mut zu experimentieren und neue Wege zu gehen bleiben zugleich die grössten Stärken und dies ermöglicht es, sich als Wegbereiter für sinnvolle Veränderungen und eine bessere Zukunft zu profilieren.

Aszendent in Fische

Mit dem Aszendenten des KN-Horoskops im Fischezeichen spielen Einfühlungsvermögen, Hilfsbereitschaft und Romantik in der Interaktion mit der Umwelt eine wichtige Rolle. Ein zentrales Anliegen ist dabei das Bestreben, dem grauen Alltag und der rauen Wirklichkeit zu entfliehen und etwas zu tun, das andere Menschen berührt, bezaubert, bewegt, tröstet oder erlöst. Der Wunsch zu helfen, rettender Engel zu sein oder die eigene Fantasie zu nutzen, um Menschen für einen Moment ihre Sorgen vergessen zu lassen, ist ein Ansporn zur Verbrüderung und zur Überwindung von Grenzen. Auch wenn diese Veranlagung unterschwellig wirkt und wenig bewusst ist, prägt sie dennoch das Auftreten, welches sich durch Sensibilität, Verträumtheit, Rücksicht und Selbstlosigkeit auszeichnet, zuweilen aber auch etwas weltfremd und wenig greifbar wirken kann. Die Sehnsucht nach Einheit, Verbundenheit, Verschmelzung und danach, in einem grösseren Ganzen aufzugehen, ist eine wichtige Motivation, um mit anderen mitzuschwingen, sich wie ein Chamäleon an die Umgebung anzupassen und sich dem Geschehen hinzugeben. Damit können allerdings Abgrenzungsschwierigkeiten einhergehen, indem es auch schwerfällt zu wissen, was einem gut tut und was schadet.

Es kann auch schwerfallen sich dagegen zu wehren, wenn man plötzlich von all dem Leid in der Welt ergriffen wird, dabei ausufert, jedes Mass verliert und sich unnötig in die Belange anderer einmischt. Ähnliches gilt für die Enttäuschung und Desillusionierung die sich breitmacht, wenn das Leben, ein Beruf, eine Liebe oder andere Menschen die eigenen Hoffnungen nicht erfüllen. Daher ist es wichtig, Wunsch und Wirklichkeit auseinanderzuhalten und die eigene Wahrnehmung zu schulen, indem man sich um eine klare Kommunikation und eindeutige Stellungnahmen bemüht. Der Mut genau hinzuschauen, auch wenn es unangenehm ist, kann dabei manchen Irrweg ersparen. Was belastet, sollte schnellstmöglich geklärt werden, denn die grösste Stärke besteht bei dieser Stellung in der Gabe, Verborgenes und Verdrängtes zu erspüren. Ist man mit sich und seinem Umfeld im Reinen, kann man die Dinge geschehen lassen, sich dem Fluss des Lebens anvertrauen und man wird wie von Zauberhand in die richtige Richtung gespült.

Ein persönliches Beispiel

Zum Schluss dieses Kapitels möchte ich die Bedeutung des Aszendenten des Karmischen Neumondhoroskops noch an einem persönlichen Beispiel erläutern. Meinem in *Fig. 2* auf S. 29 aufgezeichneten KN-Horoskop lässt sich entnehmen, dass nicht nur eine Ballung im neunten Haus prägend ist, sondern auch der Aszendent, der ins Jungfrauzeichen zu liegen kommt. Mein frühes Interesse für Yoga und die Bevorzugung der Rolle des Beobachters gegenüber jener des Schauspielers, der sich aktiv ins Spiel des Lebens einbringt, ist zweifellos eine plausible Entsprechung für den Aszendenten im Jungfrauzeichen, der darüber hinaus – was dessen Bedeutung verstärkt – durch den Mond des Geburtshoroskops ausgelöst wird.

Es gibt aber eine weitere Entsprechung, die recht aufschlussreich ist: Im archetypischen Verhältnis zwischen Herr und Diener schätzte ich in jungen Jahren die Rolle des Dieners als interessanter und lohnender ein. Es kam mir vor, dass ein perfekter Diener seinem Herrn letztlich überlegen ist, weil er – wenn er sich unentwegt auf die Qualität seiner Arbeit und der Dienstleistung konzentriert, die er erbringt – sich unersetzlich macht. Auf diese Weise können sich die Machtverhältnisse umkehren.

Die Stimmigkeit dieser Auffassung bestätigte mir ein englischer Film des amerikanischen Regisseurs Josef Losey mit dem Titel «The Servant» (Der Diener) aus dem Jahre 1963, der mich sehr beeindruckte. Im Filmdrama geht es darum, dass Tony, ein erfolgreicher Vertreter des gehobenen britischen Bürgertums, einen Diener einstellt, der sich als perfekter Butler erweist. Tony ist begeistert. Im Laufe der Zeit gewinnt allerdings der durch Dirk Bogarde gespielte Diener dadurch, dass er für seinen Herrn unersetzlich wird, immer mehr die Oberhand, und macht diesen schliesslich zur willenlosen Marionette, die ohne ihren Diener kaum mehr lebensfähig ist. Der Film, der zu den besten britischen Filmen des 20. Jahrhunderts gehört, wird vom «Filmlexikon» als «meisterhafte Parabel über die moralische Schwäche des gehobenen Bürgertums» bezeichnet.[14] Ein Kommentator meint: «Es ist ein Film über Besitzansprüche; nicht nur, wer was besitzt, sondern wer wen besitzt.» Dies würde dazu passen, dass in meinem Radixhoroskop das Jungfrauzeichen auf die Spitze des zweiten Hauses kommt.

Später habe ich das Jungfrauzeichen im Karmischen Neumondhoroskop mehr in Form des Bewusstseins erlebt, dass wir in unserer Entwicklung mehr um den Weg besorgt sein sollten, den wir gehen, als auf das Ziel fixiert zu sein. Anders formuliert kann man dies auch so zum Ausdruck bringen, dass es nicht so wichtig ist, was wir tun und welche Position wir innehaben, sondern in welchem Geist wir unsere Arbeit verrichten. In Analogie mit dem Karma-Yoga könnte man auch sagen: «Das tun, was getan werden muss, ohne an die Früchte zu denken». Dies tut im Kloster der Mönch, wenn er im Sinne eines Dienstes am Ganzen bereitwillig die Arbeit verrichtet, die ihm zugewiesen wird.

Fussnoten

1 «Requiem pour l'Astrologie karmique», L'Astrologue n° 93; 1er trimestre 1991; abrufbar unter www.andrebarbault.com/requiem_astrokarmique.htm

2 Aloisia Kopp, «Warum wir an das Schicksal glauben», Böhlau Verlag, 2008.

3 Thorwald Dethlefsen: «Das Leben nach dem Leben. Gespräche mit Wiedergeborenen», 1974.

4 Ian Stevenson, «Twenty Cases Suggestive of Reincarnation», 1966.

5 Helen Wambach, «Reliving Past Lives: The Evidence Under Hypnosis», Hutchinson, London 1978.

6 Michael Newton, «Die Reisen der Seele. Karmische Fallstudien», 1994.

7 Helen Wambach, «Life Before Life», Bantam Book, New York 1979.

8 Die Themen der Mondknotenachsen wurden in meinem Buch «Karmische Horoskopanalyse», Bd. I, Edition Astrodata, Wettswil 1994, besprochen.

9 Die Primarschule umfasste damals in Basel lediglich vier Jahre, wonach die Frage entstand, in welcher Mittelschule es weitergeht.

10 Medard Boss, «Indienfahrt eines Psychiaters», 1959, 5. Aufl. 2006.

11 In seinen Memoiren schreibt Bismarck: «Ein Gedanke war, die arbeitenden Klassen zu gewinnen, oder soll ich sagen zu bestechen, den Staat als soziale Einrichtung anzusehen, die ihretwegen besteht und für ihr Wohl sorgen möchte.»

12 Bei den Deutungen handelt es sich um die Anpassung von Beschreibungen, die in der Astrodata-Analyse «Ihre karmische Bestimmung» für Einzelaspekte zum karmischen Neumond verwendet werden.

13 Auch diese Beschreibungen sind Anpassungen der Deutungen, die in der Astrodata-Analyse «Ihre karmische Bestimmung» für die Aszendentenstellungen im Karmischen Neumondhoroskop gegeben werden.

14 www.zweitausendeins.de/filmlexikon

Verwendete Horoskope mit Quellen- und Rating-Angaben

Fig. 1: Radixhoroskop von Claude Weiss (Standesamt, AA)
Fig. 2: Karmisches Neumondhoroskop von Claude Weiss
Fig. 3: Radixhoroskop von René Descartes (ohne Häuser, Zeit nach Marc Penfield)
Fig. 4: KNH von René Descartes
Fig. 5: Radixhoroskop von Barack Obama (Astro-Databank, AA)
Fig. 6: KNH von Barack Obama
Fig. 7: Radixhoroskop von David Bowie (Astro-Databank, A)
Fig. 8: KNH von David Bowie
Fig. 9: Radixhoroskop von Steve Jobs (Astro-Databank, A)
Fig. 10: KNH von Steve Jobs
Fig. 11: Radixhoroskop von Oprah Winfrey mit KN (Astro-Databank, AA)
Fig. 12: Radixhoroskop von Marilyn Monroe mit KN (Astro-Databank, AA)
Fig. 13: Radixhoroskop von Gerhard Schröder mit KN (Korrektur von Claude Weiss auf 21.48 Uhr, Bestätigung Standesamt 22.00 Uhr, AA)
Fig. 14: Radixhoroskop von Abraham Lincoln mit KN (Astro-Databank, B)
Fig. 15: Radixhoroskop von Rupert Murdoch mit KN (Astro-Databank, B)
Fig. 16: KNH von Winston Churchill
Fig. 17: KNH von Albert Einstein
Fig. 18: KNH von Helena Blavatsky
Fig. 19: KNH von Mark Zuckerberg
Fig. 20: KNH von Madonna
Fig. 21: KNH von Papst Franziskus I.
Fig. 22: KNH von Abraham Lincoln
Fig. 23: KNH von Nicole Kidman
Fig. 24: KNH von Sigmund Freud
Fig. 25: KNH von Adolf Muschg
Fig. 26: KNH von Franklin D. Roosevelt
Fig. 27: KNH von Mutter Teresa
Fig. 28: KNH von Bill Clinton
Fig. 29: Radixhoroskop von Winston Churchill (Astro-Databank, A)
Fig. 30: Progressives Horoskop von Winston Churchill (1.40 Uhr) für Mai 1940
Fig. 31: Radixhoroskop von J. W. Goethe (Astro-Databank, AA)
Fig. 32: KNH von J. W. Goethe
Fig. 33: Radixhoroskop von Albert Einstein (Astro-Databank, AA)

Erklärung der astrologischen Symbole und der Häusergrenzen

Die astrologischen Symbole der Horoskopzeichnungen

☉	=	Sonne	♅	=	Uranus
☽	=	Mond	♈	=	Uranus
☿	=	Merkur	♌	=	Uranus
♀	=	Venus	☋	=	Uranus
♂	=	Mars	☾	=	Uranus
♃	=	Jupiter	AC	=	Aszendent
♄	=	Saturn	DC	=	Deszendent
♅	=	Uranus			

Wie Planeten an den Häusergrenzen gedeutet werden

Das bei allen Horoskopen dieses Buches zur Anwendung gelangende Häusersystem ist das Kochsche. In diesem System deuten wir Planeten, welche sich innerhalb von $1/6$ des vorhergehenden Hauses vor der Spitze befinden, im nächsten Haus, mit folgender Ausnahme: Wechselt zwischen der Stellung des Planeten und der Häuserspitze das Zeichen, gilt für die Zugehörigkeit zum nächsten Haus die Regel von $1/12$ des Hauses.

Der karmische Neumond im Haus und mit Aspekten bei bekannten Persönlichkeiten

Abkürzungen

TRI = Trigon, SXT = Sextil, CON = Konjunktion, OPP = Opposition, SQR = Quadrat, SSQ = Halbquadrat, SQQ = Anderthalbquadrat, SSX = Halbsextil, QCX = Quinkunx

Haus 1

Winston Churchill: *Skorpion* OPP Pluto SQR Uranus SSQ Mars
Sean Connery: *Jungfrau* CON Neptun SXT Mars TRI Saturn SSQ Venus
Julie Gayet: *Stier* SQQ Jupiter
Johann Wolfgang Goethe: *Löwe* OPP Uranus SQR Saturn HS Merkur/Venus
Stanislav Grof: *Zwillinge* SQR Lilith QCX Saturn SSX Jupiter
Jimi Hendrix: *Skorpion* CON Venus SSQ Neptun
Janis Joplin: *Steinbock* OPP Lilith OPP Jupiter SSX Mars SSQ Uranus
Salma Hayek: *Löwe* SQR Neptun SSX Mars/Jupiter
Christine Lagarde: *Schütze* CON Merkur HS Venus/Saturn
Andreas Lubitz: *Skorpion* SSX Mars
Raymond Merriman: *Steinbock* CON Mars SSQ Jupiter
Uwe Ochsenknecht: *Schütze* CON Merkur HS Venus/Saturn
Sharon Tate: *Steinbock* OPP Lilith OPP Jupiter SSX Mars SQQ Uranus
Margaret Thatcher: *Jungfrau* CON Mars OPP Uranus SSQ Saturn SSX Neptun
Charlize Theron: *Krebs* CON Saturn SQR Jupiter SSQ Venus

Haus 2

Cindy Crawford: *Fische* CON Lilith
Albert Einstein: *Fische* OPP Uranus SSX Saturn
Katie Holmes: *Schütze* TRI Jupiter SSX Venus SSQ Mars SQR Saturn
Dalai Lama: *Krebs* TRI Saturn TRI Jupiter
David Lynch: *Steinbock* CON Venus SQR Neptun QCX Pluto QCX Uranus
Pablo Picasso: *Waage* SSX Venus QCX Pluto
Ronald Reagan: *Wassermann* SQR Jupiter SQQ Pluto
Otto von Bismarck: *Fische* CON Pluto SQR Neptun SXT Mars SSQ Lilith
Wilhelm II.: *Steinbock* CON Lilith QCX Jupiter QCX Saturn SSX Venus

Haus 3

Helena Blavatsky: *Löwe* OPP Jupiter/Uranus TRI Pluto TRI Lilith SQR Chiron
Jacques Chirac: *Schütze* SQR Mars/Neptun SQQ Uranus
Hillary Clinton: *Waage* SXT Saturn HS Venus/Neptun
Kurt Cobain: *Wassermann* SQR Neptun QCX Pluto SSQ Lilith

Walt Disney: *Skorpion* CON Lilith QCX Pluto SSX Mars/Uranus SSQ Venus/Chiron
Juri Gagarin: *Wassermann* CON Saturn TRI Jupiter QCX Pluto SXT Uranus
Che Guevara: *Widder* CON Chiron TRI Neptun
Immanuel Kant: *Widder* CON Chiron SQR Mars QCX Uranus SXT Jupiter SQR Saturn
Alicia Keys: *Steinbock* CON Merkur SQR Jupiter/Saturn TRI Chiron
Wolfgang A. Mozart: *Steinbock* CON Chiron OPP Mars SXT Uranus QCX Neptun
Richard Nixon: *Steinbock* SSQ Venus
Nicolas Sarkozy: *Wassermann* CON Chiron SXT Mars SQR Neptun SSQ Venus
Justin Timberlake: *Steinbock* CON Merkur SQR Jupiter/Saturn TRI Chiron
Ivana Trump: *Wassermann* OPP Pluto SXT Chiron
Tina Turner: *Skorpion* OPP Uranus TRI Chiron

Haus 4

Woody Allen: *Schütze* CON Jupiter SQR Saturn TRI Pluto QCX Uranus SSQ Venus
Roberto Assagioli: *Wassermann* SQR Neptun TRI Uranus TRI Mars TRI Chiron
Halle Berry: *Krebs* TRI Neptun TRI Chiron/Saturn SQQ Lilith SSX Venus
George W. Bush: *Krebs* SQR Neptun SXT Mars QCX Lilith
George Clooney: *Widder* CON Venus R SQR Mars SQR Saturn TRI Uranus
Richard Gere: *Jungfrau* CON Saturn SXT Uranus SQR Chiron SQQ Lilith
Angelina Jolie: *Stier* SXT Mars SQQ Pluto
Boris Jelzin: *Steinbock* SSQ Venus
Bob Marley: *Steinbock* TRI Jupiter SSQ Venus SQQ Uranus
Rupert Murdoch: *Wassermann* OPP Neptun SSQ Venus SSQ Uranus, SQQ Jupiter QCX Mars R
Elvis Presley: *Steinbock* CON Merkur SXT Jupiter TRI Neptun SQR Mars
Uma Thurman: *Widder* SQQ Neptun TRI Lilith
Mark Zuckerberg: *Stier* OPP Saturn TRI Jupiter QCX Uranus

Haus 5

Jennifer Aniston: *Steinbock* TRI Pluto SXT Neptun SSQ Venus QCX Lilith SXT Chiron
Warren Buffet: *Jungfrau* CON Neptun SXT Mars TRI Saturn SSQ Venus SQQ Uranus
Edgar Cayce: *Fische* SXT Pluto
Salvador Dalí: *Widder* TRI Uranus SXT Lilith SQR Chiron
Johnny Depp: *Zwillinge* SQR Uranus CON Merkur R
Mia Farrow: *Steinbock* SSQ Venus SQQ Uranus TRI Jupiter
François Hollande: *Löwe* SQR Lilith/Saturn
Xi Jinping: *Zwillinge* SXT Pluto TRI Saturn/Neptun SQR Lilith QCX Chiron SSQ Venus
Madonna: *Löwe* TRI Saturn SXT Jupiter HS Uranus/Pluto
Rafael Nadal: *Stier* TRI Mars SXT Jupiter

Isaac Newton: *Steinbock* QCX Pluto SSX Neptun SSQ Venus TRI Mars SSQ Lilith SSQ Uranus
Vanessa Paradis: *Schütze* TRI Chiron OPP Saturn SSX Jupiter SSX Venus/Mars CON Neptun
Edith Piaf: *Schütze* CON Merkur SXT Uranus QCX Saturn SQR Jupiter/Chiron
Brad Pitt: *Schütze* HS Venus/Lilith
Romain Rolland: *Steinbock* SQR Lilith
USA: *Zwillinge* SQR Neptun QCX Pluto CON Jupiter
Kanye West: *Stier* CON Lilith SQQ Pluto
Oprah Winfrey: *Steinbock* OPP Uranus CON Merkur/Venus/Chiron SQR Lilith

Haus 6

Jane Birkin: *Schütze* CON Merkur R HS Venus/Mars SSX Chiron
Carla Bruni: *Schütze* SQR Jupiter TRI Saturn SSQ Venus QCX Lilith
Recep T. Erdogan: *Wassermann* CON Venus TRI Jupiter SQR Saturn TRI Lilith
Jane Fonda: *Schütze* QCX Uranus SSQ Jupiter CON Lilith
Papst Franziskus: *Schütze* OPP Chiron SQR Neptun SQR Saturn SQQ Uranus
Tom Hanks: *Krebs* TRI Mars SSQ Jupiter OPP Lilith
John F. Kennedy: *Stier* CON Venus/Merkur R SQR Uranus SXT Neptun
Abraham Lincoln: *Steinbock* CON Merkur TRI Lilith SQR Mars SSQ Pluto
Mitt Romney: *Fische* SQR Jupiter QCX Saturn SXT Lilith SSQ Venus
Schweiz: *Jungfrau* CON Merkur OPP Neptun SXT Chiron SQQ Uranus TRI Pluto
Emma Watson: *Widder* SQR Jupiter SQR Uranus CON Merkur SSQ Venus
Jay-Z: *Skorpion* CON Merkur SQQ Chiron

Haus 7

David Beckham: *Widder* CON Chiron SSQ Lilith CON Merkur
Silvio Berlusconi: *Jungfrau* OPP Saturn CON Neptun SQR Jupiter SQR Chiron SSX Mars
Tom Cruise: *Krebs* TRI Neptun TRI Jupiter/Chiron SXT Pluto SSQ Mars QCX Saturn
Neil Diamond: *Steinbock* TRI Jupiter/Saturn SQQ Uranus CON Merkur
Céline Dion: *Widder* CON Saturn CON Chiron
Michail Gorbatschow: *Wassermann* OPP Neptun QCX Mars R SSQ Venus SSQ Uranus SQQ Jupiter
Nina Hagen: *Fische* TRI Neptun SQR Lilith SSX Chiron SSQ Venus
Nicole Kidman: *Zwillinge* SQR Pluto/Uranus TRI Mars SSQ Venus/Jupiter SXT Lilith
Martin Luther: *Skorpion* CON Merkur CON Saturn SQR Lilith SSX Uranus
Meryl Streep: *Zwillinge* OPP Chiron SXT Lilith TRI Jupiter SQR Saturn

Haus 8

Fritjof Capra: *Steinbock* OPP Pluto CON Lilith SSQ Venus
Miley Cyrus: *Skorpion* SSX Jupiter TRI Lilith
Wendi Deng: *Skorpion* CON Neptun SXT Jupiter SXT Pluto TRI Chiron

Megan Fox: *Stier* TRI Mars SXT Jupiter
Sigmund Freud: *Stier* CON Uranus SSQ Jupiter SSQ Saturn SQQ Lilith
Fethulah Gülen: *Stier* CON Venus CON Lilith SQR Pluto
Jacqueline Kennedy: *Krebs* CON Pluto SSQ Neptun SSQ Venus SXT Chiron
Marilyn Monroe: *Stier* OPP Saturn SQR Neptun/Lilith SQR Jupiter SSQ Venus
Michelle Obama: *Steinbock* CON Mars SSX Saturn SQQ Uranus
Liz Taylor: *Wassermann* CON Mars OPP Jupiter SXT Uranus/Lilith SQR Chiron
Donald Trump: *Zwillinge* CON Merkur SXT Pluto CON Uranus SSX Venus TRI Neptun
Ivanka Trump: *Skorpion* SXT Mars SSQ Venus/Neptun SSX Lilith
Mao Tsedong: *Schütze* OPP Neptun OPP Pluto SSQ Venus SQR Chiron

Haus 9

Christoph Blocher: *Waage* OPP Lilith SSQ Venus SXT Pluto
David Bowie: *Steinbock* CON Mars CON Lilith SXT Chiron
Mariah Carey: *Fische* SSQ Mars
Carlos Castañeda: *Schütze* SQR Uranus TRI Neptun SSX Mars/Saturn SSX Jupiter SSQ Venus
Russell Crowe: *Fische* CON Merkur CON Mars SSQ Venus SSX Jupiter TRI Neptun
James Dean: *Steinbock* SSQ Venus
Joschka Fischer: *Widder* SXT Uranus TRI Mars TRI Saturn SXT Lilith SSQ Venus
Adolf Hitler: *Widder* SQR Jupiter TRI Saturn HS Merkur/Mars SQR Chiron
Mick Jagger: *Krebs* SSQ Venus/Chiron HS Jupiter/Saturn = Merkur/Jupiter
Angela Merkel: *Krebs* CON Jupiter TRI Lilith/Saturn SSQ Pluto OPP Mars R
Adolf Muschg: *Stier* CON Merkur CON Mars SXT Lilith/Pluto SSQ Venus SQR Saturn
Bernie Sanders: *Löwe* CON Merkur SQR Saturn/Uranus
Frank Sinatra: *Schütze* CON Merkur SXT Uranus QCX Saturn SQR Chiron/Jupiter
Paramahansa Yogananda: *Schütze* SQR Mars SSX Venus

Haus 10

Kemal Atatürk: *Stier* CON Jupiter/Saturn/Neptun TRI Uranus
Charlie Chaplin: *Widder* SQR Jupiter TRI Saturn HS Merkur/Mars SQR Chiron
Penélope Cruz: *Stier* SXT Mars/Saturn OPP Uranus SSQ Venus QCX Pluto
Mahatma Gandhi: *Jungfrau* SQR Saturn TRI Pluto SSX Venus SSQ Mars
Bill Gates: *Waage* CON Merkur R CON Neptun SXT Jupiter SXT Lilith
Alfred Hitchcock: *Löwe* CON Lilith TRI Saturn SXT Pluto SSQ Mars HS Mars/Neptun
Isabelle Huppert: *Fische* QCX Saturn/Neptun SSX Mars CON Merkur R SQR Chiron
Elisabeth Kübler-Ross: *Zwillinge* CON Merkur SXT Neptun
Lionel Messi: *Zwillinge* SSX Mars QCX Pluto QCX Neptun SSQ Jupiter SSQ Lilith

Franklin D. Roosevelt: *Steinbock* TRI Pluto SQR Saturn QCX Mars R HS Merkur/Venus
Gerhard Schröder: *Widder* OPP Neptun SXT Uranus TRI Pluto QCX Lilith CON Merkur SQQ Jupiter
Steven Spielberg: *Schütze* CON Merkur R SSX Chiron HS Venus R/Mars
Josef Stalin: *Schütze* CON Venus OPP Pluto SQR Uranus
Kristen Stewart: *Widder* SQR Uranus SQR Jupiter/Chiron CON Merkur SSQ Venus
John Travolta: *Wassermann* CON Venus TRI Jupiter SQR Saturn TRI Lilith
Leonardo da Vinci: *Widder* CON Merkur R TRI Pluto OPP Saturn SSQ Jupiter
Robbie Williams: *Wassermann* CON Venus R TRI Pluto SQR Uranus
Zinédine Zidane: *Zwillinge* CON Merkur/Venus R CON Saturn SSX Mars

Haus 11

Justin Bieber: *Wassermann* CON Venus SSX Uranus/Neptun
Marlon Brando: *Fische* CON Uranus SQR Jupiter TRI Pluto
Bob Dylan: *Stier* CON Lilith/Venus SQR Pluto
Saddam Hussein: *Widder* SQR Jupiter SQR Pluto SQQ Mars
Franz Kafka: *Zwillinge* CON Merkur R SQR Uranus
Beyoncé Knowles: *Jungfrau* SSQ Pluto SSX Saturn HS Venus/Mars
Jennifer Lopez: *Krebs* CON Lilith TRI Neptun SXT Pluto SSQ Venus
Nelson Mandela: *Krebs* HS Merkur/Pluto SQR Lilith/Mars
Jim Morrison: *Schütze* OPP Uranus SXT Neptun TRI Pluto SSQ Venus
Mutter Teresa: *Löwe* SQR Saturn SSX Venus SXT Jupiter SSQ Pluto
Barack Obama: *Krebs* OPP Saturn SSQ Venus SSQ Pluto
Wladimir Putin: *Jungfrau* CON Merkur TRI Jupiter
Shakira: *Steinbock* SSQ Venus SSQ Neptun HS Venus/Neptun

Haus 12

Isabelle Adjani: *Zwillinge* CON Merkur R TRI Neptun SXT Pluto SQQ Saturn
Sandra Bullock: *Krebs* TRI Neptun SXT Jupiter SSX Venus R/Mars TRI Chiron
Bill Clinton: *Löwe* SXT Neptun CON Saturn/Pluto SSQ Uranus
Mata Hari: *Krebs* CON Mars SQR Neptun SQR Chiron
Helmut Kohl: *Widder* CON Merkur/Uranus SQR Saturn SXT Jupiter
Jiddu Krishnamurti: *Stier* OPP Saturn SXT Mars/Jupiter QCX Chiron
Lady Diana: *Zwillinge* SXT Mars/Uranus SSQ Venus SQQ Jupiter SQQ Neptun
François Mitterrand: *Waage* SQR Pluto SXT Neptun QCX Jupiter SSQ Venus
Steve Jobs: *Fische* TRI Neptun SQR Lilith SSQ Venus
Scarlett Johanson: *Skorpion* CON Pluto SXT Neptun
C. G. Jung: *Krebs* CON Merkur R SQQ Saturn SQQ Lilith
Roger Schawinski: *Zwillinge* CON Uranus CON Merkur SQR Jupiter
Claudia Schiffer: *Löwe* CON Mars SSQ Venus/Pluto TRI Chiron
Arnold Schwarzenegger: *Krebs* CON Merkur R OPP Lilith SSQ Mars

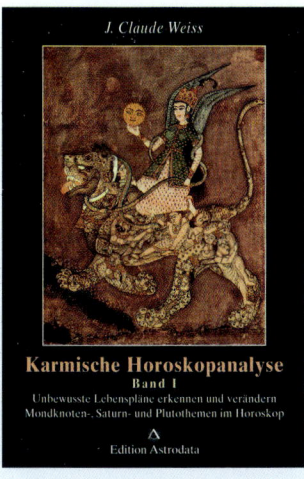

Claude Weiss
Karmische Horoskopanalyse Band I

Unbewusste Lebenspläne erkennen und verändern – Mondknoten-, Saturn- und Plutothemen im Horoskop

17 x 24 cm / geb. / 288 Seiten / 34 Abb.

Der unseren Entscheidungen zugrundeliegende unbewusste Lebensplan, der uns wie ein Magnet anzieht und unserer Bestimmung zustreben lässt, ist aus dem Horoskop erkennbar. Dadurch, dass wir ihn bewusst machen, können wir ihn mitgestalten, indem wir an wichtigen Schaltstellen unseres Lebens zwischen verschiedenen Alternativen zu wählen lernen. In diesem ersten Teil der karmischen Horoskopanalyse wird gezeigt, wie man aus dem Horoskop Lebenspläne erkennt, welches Potenzial diese in sich bergen und wie im Falle von negativen Entsprechungen positive Verwirklichungsformen gefunden werden können.

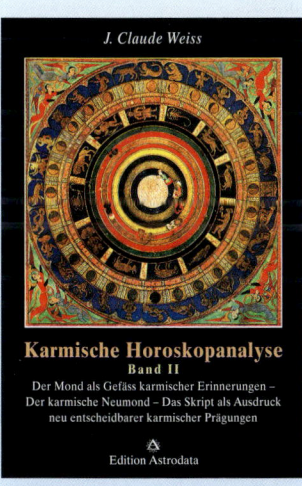

Claude Weiss
Karmische Horoskopanalyse Band II

Der Mond als Gefäss karmischer Erinnerungen – Der karmische Neumond – Das Skript als Ausdruck neu entscheidbarer karmischer Prägungen

17 x 24 cm / geb. / 320 Seiten / 36 Abb.

Im ergänzenden zweiten Band beschreibt der Autor die Bedeutung des Mondes als Gefäss karmischer Erinnerungen der Seele, welche Erfahrungen mit den Eltern damit verbunden sind und wie das Kind aus einer mondhaften Identität zu einem solaren Bewusstsein findet – die geheimnisvolle Welt des Mondes. Im zweiten Teil deutet der Autor anhand von Beispielen den vor der Geburt stattfindenden karmischen Neumond als Indikator eines karmischen «Lebensprogramms». Im dritten Teil wird dann mittels der «Skriptlehre» aus der Transaktionsanalyse die Brücke karmischer Themen zur psychologischen Arbeit geschlagen.

....

Erhältlich in Ihrer Buchhandlung *oder bei* Astrodata Versandbuchhandlung
Postfach 121 ◆ CH-8907 Wettswil ◆ *E-Mail:* bookshop@astrodata.ch
Internet: www.astrodata.ch

Ihre karmische Bestimmung

Wenn Sie wissen möchten, wie die Astrodata wichtige Konstellationen Ihres Karmischen Neumondhoroskops und Ihres Geburtshoroskops im Hinblick auf Ihre karmische Bestimmung deutet, könnte diese Analyse für Sie von Interesse sein. Sie erfahren daraus, welche Motivationen dazu geführt haben, dass Sie sich in dieses Leben inkarnierten, und wie sich dies aus astrologischer Sicht beschreiben lässt.

25–50 Seiten, Euro 45.– / Fr. 54.–

Zusammen mit dem Bild des Karmischen Neumondhoroskops und der Synastrie zum Radixhoroskop beträgt der Preis Euro 54.– / Fr. 64.–

Bestellung an: ASTRODATA AG, Chilenholzstrasse 8, CH-8907 Wettswil
Tel. 0041 (0) 43 343 33 33, Fax: 0041 (0) 43 343 33 43, E-Mail: info@astrodata.ch
Internet: **www.astrodata.com**